心をたがやす

臨済宗円覚寺派管長
横田南嶺

カトリック教会枢機卿
前田万葉

かまくら春秋社

心をたがやす

目次

対談

前田万葉
横田南嶺

111

前田万葉（まえだ・まんよう）
一九四九年長崎県新上五島町生まれ。カトリック大阪大司教区・大司教・枢機卿。一九七五年サン・スルピス大神学院卒業、司祭叙階。二〇一一年広島司教叙階。二〇一四年大司教着座。二〇一八年枢機卿親任。祖母方の曾祖父一家はキリスト教弾圧時代に迫害され、三人が殉教。祖父はまだ偏見が強く残っていた時代にキリスト教に改宗。著書に『烏賊墨の一筋垂れて冬の弥撒』、『前田万葉句集』など。

横田南嶺（よこた・なんれい）
一九六四年和歌山県生まれ。筑波大学在学中に出家得度し、卒業と同時に京都・建仁寺の湊素堂老師のもとで修行。一九九一年鎌倉・円覚寺の足立大進老師のもとで修行。一九九九年円覚寺僧堂師家（現任）。二〇一〇年臨済宗円覚寺派管長（現任）。二〇一七年花園大学総長に就任。著書に『仏心のひとしずく』、『人生を照らす禅の言葉』、五木寛之との共著に『命ある限り歩き続ける』など。

・本書の第一章は月刊「かまくら春秋」二〇二一年一月号～二〇二三年一月号に連載されたものを執筆当時のまま転載しました。
・本書掲載の対談収録および写真撮影は、鎌倉の臨済宗円覚寺派大本山円覚寺にて行いご協力をいただきました。

装丁／中村　聡
挿画／吉野　晃希男
写真／立原　継望

一章

心をたがやす

前田万葉
横田南嶺

聖書の言葉

「お言葉ですから
網を降ろしてみましょう」
（「ルカ福音書5・5」より）

イエス・キリストの十二使徒の頭になるシモン・ペトロは漁師でした。イエスに従う前日、シモンは夜を徹して漁をしたのですが一匹の魚も網にかかりませんでした。舟を陸にあげ、網を洗っているシモンにイエスが掛けた言葉は「沖に漕ぎ出して網を降ろし、漁をしなさい」でした。

シモンはプロの漁師です。イエスは大工の子どもです。シモンはその時に心の中でどう思ったのでしょう。でもイエスの言葉を信じて舟を出し、網がはち切れんばかりの大漁になったのです。

小さな誇りや自負をすてて、時には人の言葉を素直に受け入れる心が大切なのです。

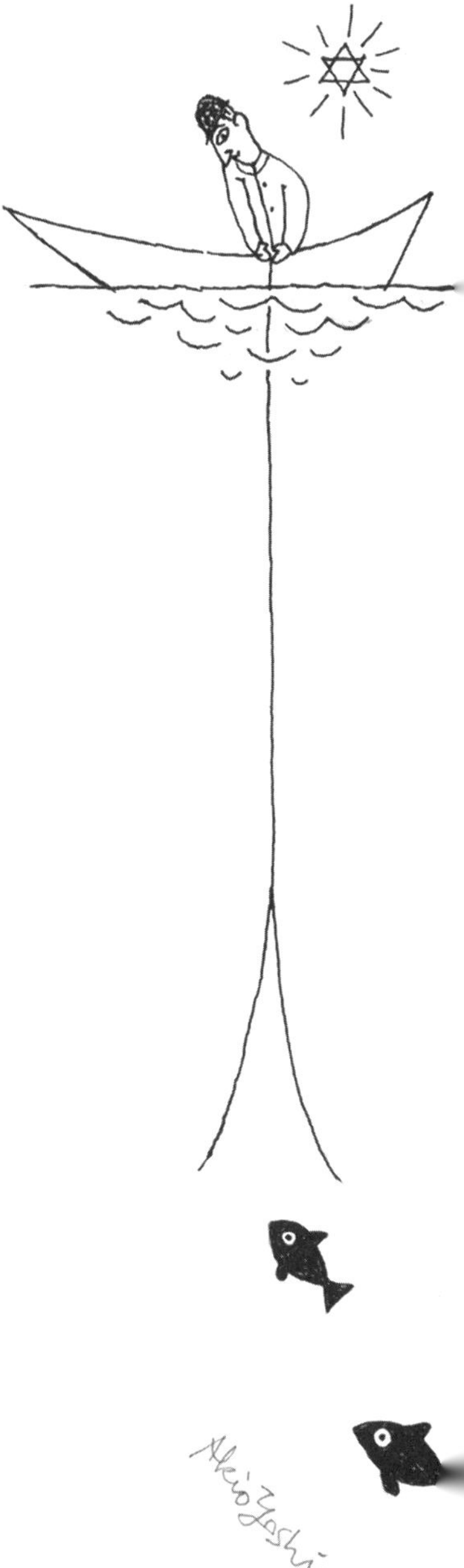

「実にこの世においては、怨みに報いるに怨みを以てしたならば、ついに怨みの息《や》むことがない。怨みをすててこそ息む。これは永遠の真理である」

これは『法句経』にあるブッダの言葉です。ブッダご自身、当時の印度においては新興の宗教故に迫害も受けられました。それに報復していては、苦しみはやまないと悟られていたのです。

このブッダの言葉は、サンフランシスコ講和会議において、当時のセイロンの蔵相ジャヤワルダナ氏が、日本への賠償を放棄したときに引用したことでも知られています。

鎌倉時代、円覚寺は開創の時に、元寇の戦いで亡くなった兵士たちを敵味方区別せずに供養しています。開山仏光国師のお心であります。憎しみの連鎖は、何ももたらしません。私たちは慈しみの心によってのみ、安らぎを得る事ができます。

＊『ダンマパダ』は、『法句経』ともいい、最古の経典のひとつとされる。ブッダの直接の説法が味わえる。

† 聖書の言葉

「人はパンだけで生きるものではない。
神の口から出る一つ一つの言葉で生きる」

（「マタイ福音書4・4」より）

確かに、この肉体は、パンがなければ生きていけません。でも、人間は肉体だけでは生きていけません。精神的な存在も大きいのです。宗教的に言いますと、人間には魂があり、この魂によって私たちの身体は生きているのです。

人が教会やお寺や神社で、祈りをささげたり手を合わせるのは、人は心のよりどころや安らぎを必要としているからなのです。私にとって魂の食べ物は、キリストの言葉なのです。

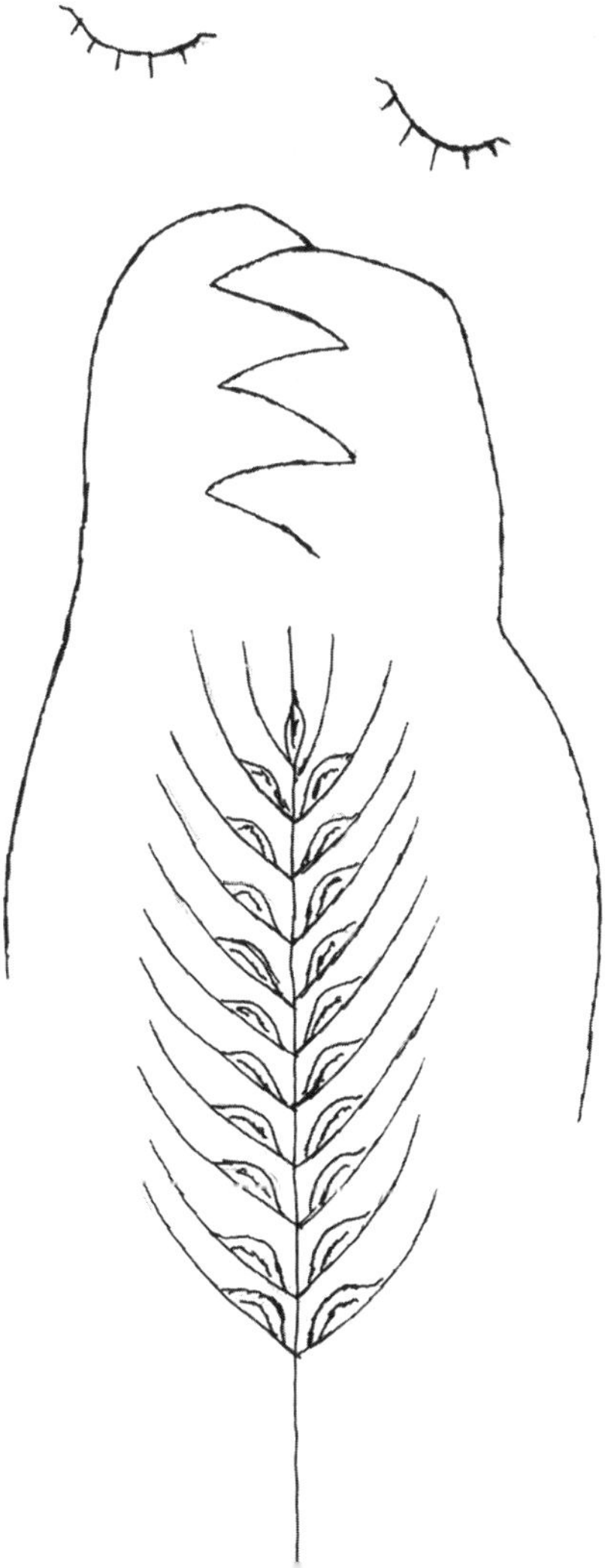

仏典の言葉

「誰か私のために
針に糸を通してくれませんか」

ブッダの弟子アヌルッダは、一所懸命に修行していました。ある時にブッダのお説法の最中に居眠りしてしまい、ブッダに叱られました。それから寝ずに修行し、終に失明しました。そのかわり悟りの眼を開きました。

ある日、衣の綻びを繕おうとして、「誰か私のために針に糸を通して、功徳を積もうとする方はいませんか」と呼びかけました。

まっさきに近づいてきて、「私が針に糸を通して功徳をつませてもらおう」と言ったのが、ブッダその人でした。

恐縮するアヌルッダに、ブッダは「自分ほど功徳を積もうと思っている者はいないのだ」と伝えます。アヌルッダは黙ってブッダに糸を通してもらいました。

ブッダの人柄をよく伝える話で、私の最も好きな逸話です。困っている人には、真っ先に駆けつける、そんな心を持ちたいものです。慈悲の心の実践です。

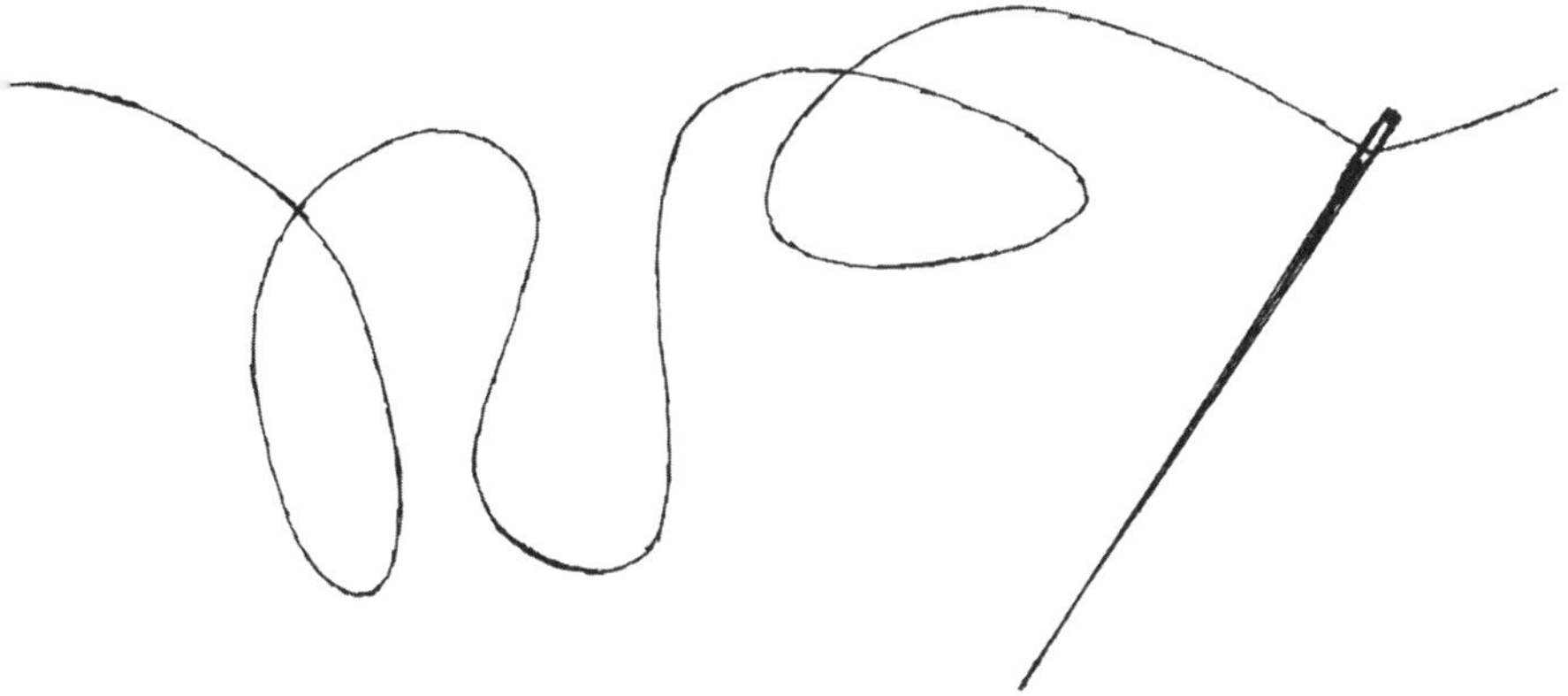

聖書の言葉

「これらのことを話したのは、わたしの喜びがあなたがたの内にあり、あなたがたの喜びが満たされるためである。わたしがあなたがたを愛したように、互いに愛し合いなさい。これがわたしの掟である」

（「ヨハネ福音書15・11〜12」より）

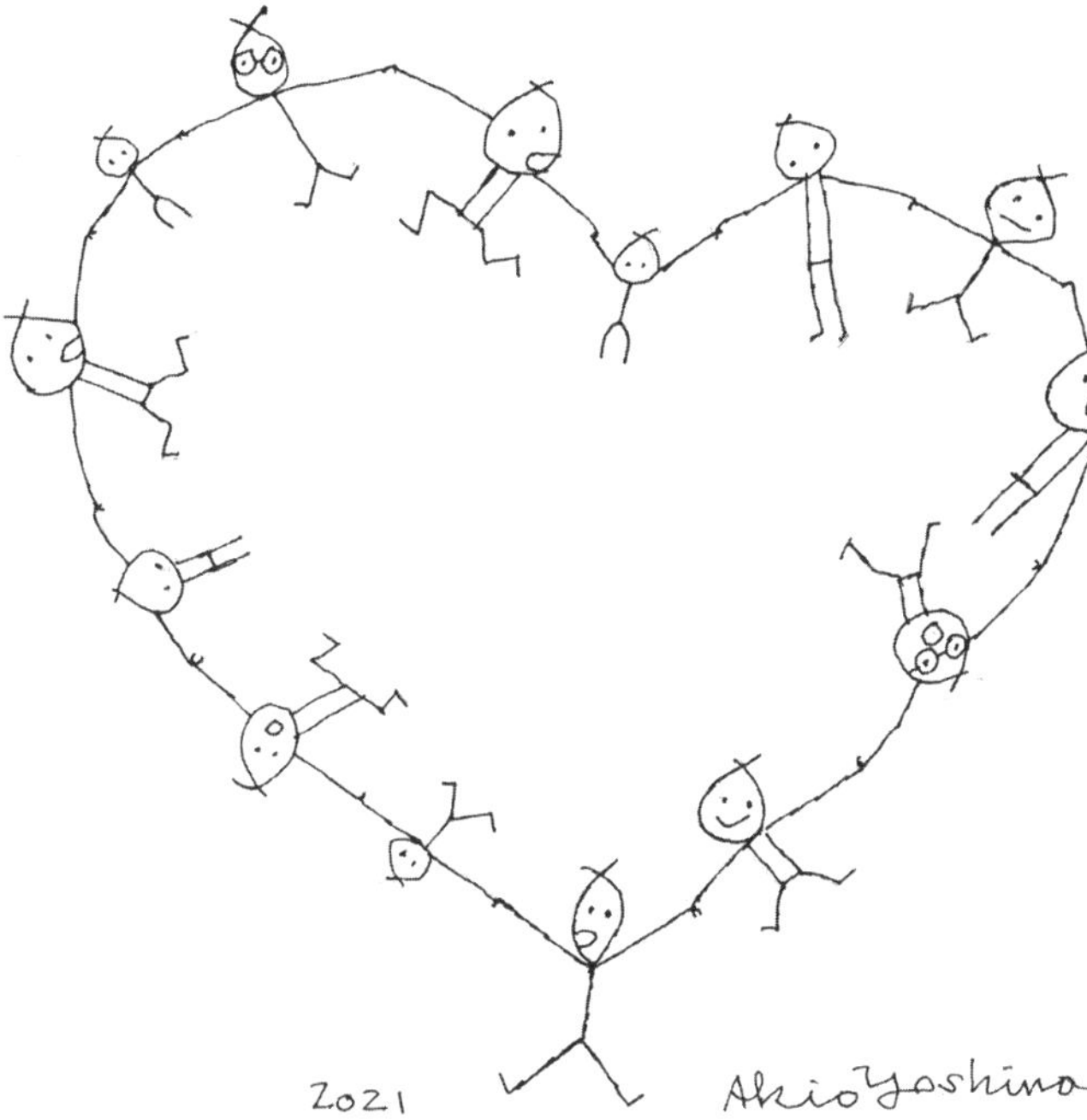

よほどのへそ曲がりでない限り、人から親切にされることを不愉快に思う人はいないでしょう。

人から大切にしてもらうと、きっと自分も相手を大切にしたくなるでしょう。

人と人の素晴らしい関係はお互いを思い合い、大切にし合い、生かし合うことにあります。

一人よりも二人、二人よりも三人……。

より多くの人を愛する喜びを分かち合いましょう。

仏典の言葉

「この遺骨を見よ、
無常の法はいかんともし難し」

ブッダのお弟子の舎利弗《しゃりほつ》は、もと異教徒でしたが、ブッダの弟子の威儀厳かな姿に感銘を受け、ブッダの弟子となりました。

後に「智慧第一」と称せられるほど、深い悟りを得ることができました。ブッダも多くの弟子たちの中で、もっとも信頼していました。

しかし、病気をして、ブッダより早くに亡くなりました。自らの死期を悟り、母を訪ねて別れを告げて後、息を引き取りました。

遺骨がブッダのもとに届けられた時に、ブッダは遺骨を捧げ持って、「この遺骨を見よ、無常の法はいかんともし難し」と言われました。愛弟子を失う悲しみを率直に吐露されました。

無常の真理は、どうにも抗うことはできません。その中で生きてゆかねばなりません。ブッダは八十歳という長寿でしたが、それ故に悲しい思いもされていたのです。

聖書の言葉

「心を入れ替えて子供のようにならなければ、決して天の国に入ることはできない」

（「マタイ福音書18・3」より）

私は俳句を少したしなみます。次の俳句は子どもの句です。

妹が生まれてさくら咲きました　（七歳）

お年玉もらいサイセンあげました

（私の小学生時代の作）

子どものようにとは、ここに取り上げた俳句のような心のありようではないでしょうか。純粋で無垢なこころ。言うのは簡単ですが、その心を持ち続けるのはかなり難しいことなのです。

ですから時には、みなさん童心にたちかえりましょう。「自分を低くして、この子供のようになる人が、天の国でいちばん偉いのだ。」（マタイ福音書18・4）と、聖書の言葉は続きますから。

「船より水を汲み出しなさい。
水を汲み出したら船は軽く進むでしょう」

ブッダが、ある時に修行僧たちに言いました。この船から水を汲み出しなさいと。船に穴が開いていて水が入ってくると、船は進むどころか沈んでしまいます。
水とは貪りや怒りです。穴から入るとは目で見たり耳で聞いたりして入ってくるのです。見たり聞いたり、舌で味わったものに対して、心地よいと感じたものをもっと欲しがるのが貪りです。心地よくないものを退けようとするのが怒りです。貪りも怒りも共に、自分自身もまわりの人も傷つけてしまいます。
災害やウイルスの感染は避けたいものですが、思うようにはいきません。そんな中でも人は助け合い支え合って生きることができます。
しかし自分だけよければという欲望や、相手を攻撃する心が、お互いを傷つけてしまうのです。我が心に、貪りや怒りが起きていないかよく見つめて、気がついたら汲みだしてしまいましょう。軽く船は進んでゆくはずです。

聖書の言葉

「神は我々と共におられる」

（「マタイ福音書1・23」より）

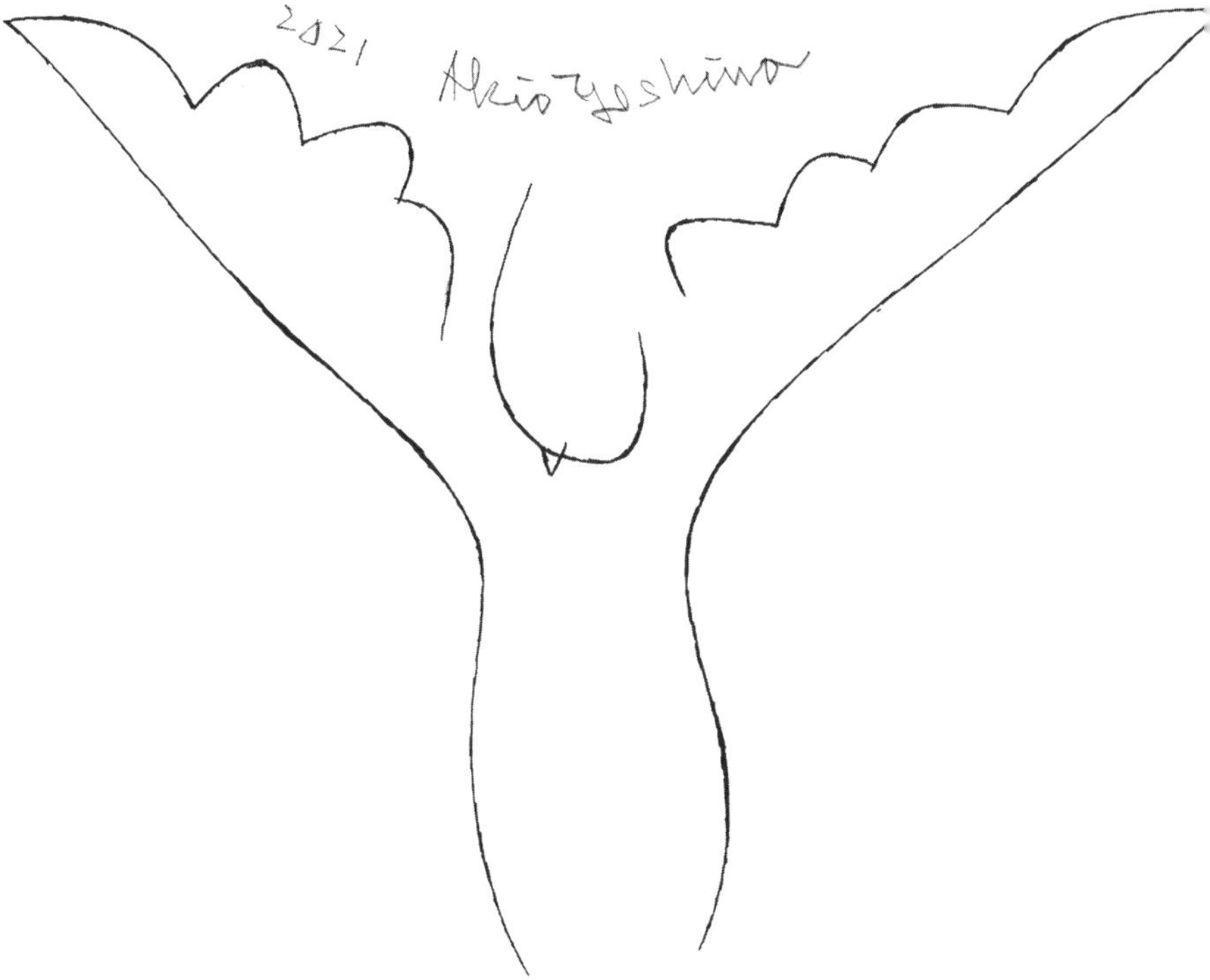

神さまが私たちのそばにいてくださることはどんなに心強く幸せなことでしょうか。

　神さまをご両親に置きかえて考えていただいても結構です。確かに子どもにとって、お父さんお母さんが一緒にいて下さると安心感があります。

　私は十二歳の時、親元を離れて長崎の神学校に入りました。五島列島の小さな集落に帰省する喜びは、両親や家族と過ごす幸せな時にありました。

　今、コロナ禍の中のあなたにとって、安心感があるでしょうか。私にとって最大の安心は神ーキリストが共にいてくださるということです。

仏典の言葉

「人が生まれたときには、実に口の中に斧が生じている」

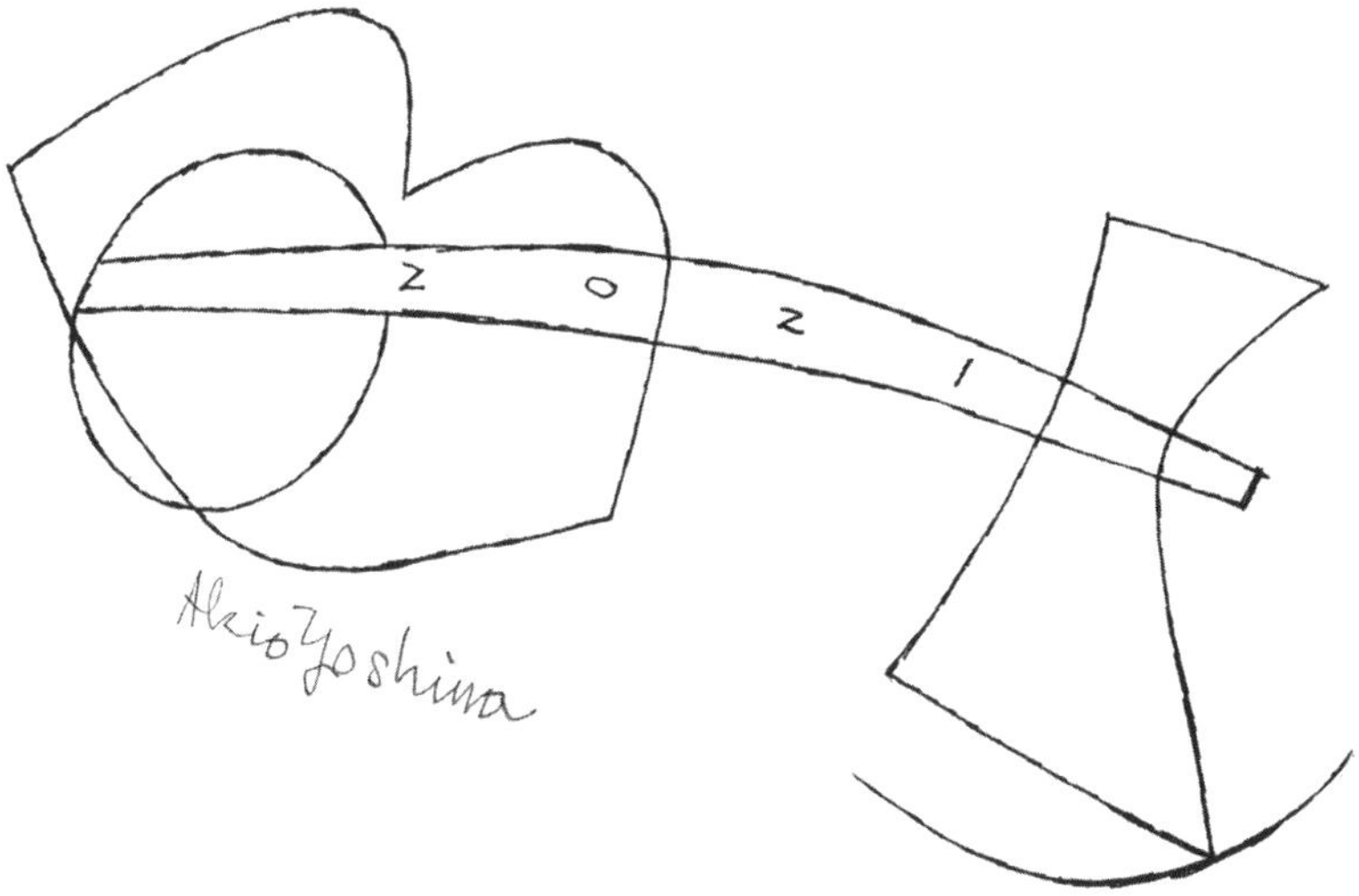

最古の仏典と言われる『スッタニパータ』の一節です。このあとに、ブッダは、「愚かな者は、悪口を言って、その斧によって自分を切り裂くのである」と説かれています。

みずからの言葉がみずからを苦しめるのです。それは、あたかも風に逆らって土をまくようなものだとも説かれています。まいた土は、すべて自分にかかってしまい、結局は自身を汚すだけなのです。

ブッダは、「自分を苦しめず、また他人を害しないことばのみを語れ」と説かれました。言葉を使うことは難しいものです。斧のようだというのですから、刃物を扱うように慎重でなければならないのでしょう。

「黙食」などという言葉が聞かれるこの頃、不自由な気もしますが、今一度言葉の大切さを考え直してみる機会と受けとめたいものです。

✝聖書の言葉

「明日のことまで思い悩むな」

（「マタイ福音書6・34」より）

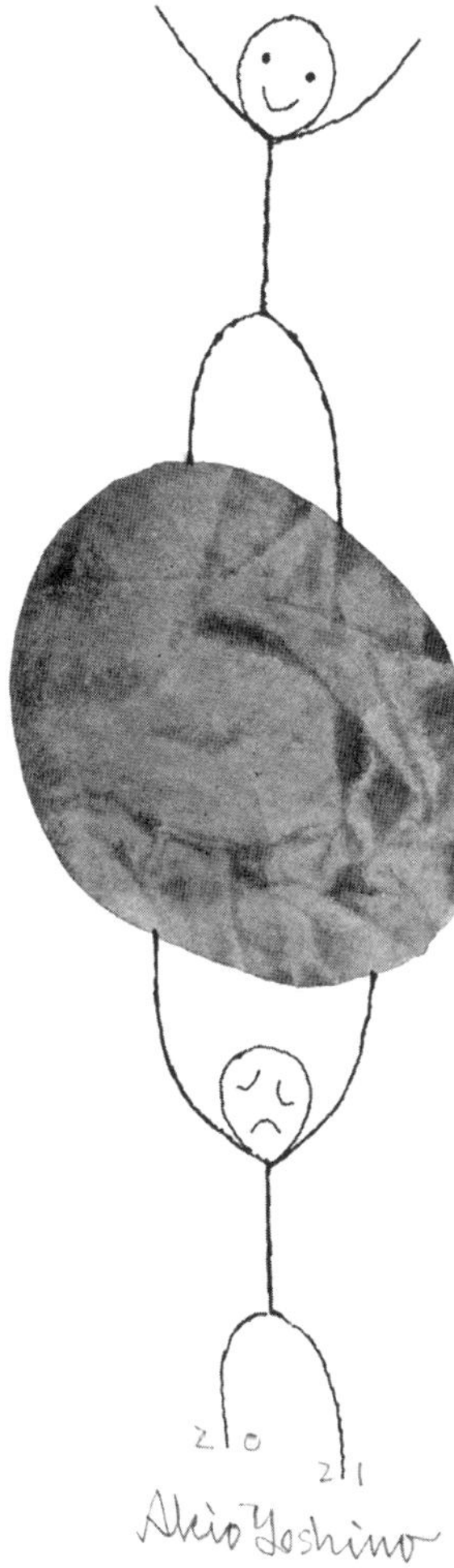

取り越し苦労という表現があります。先の出来事に要らぬ心配をすることです。何か嫌なことが起きますと、人は後ろ向きに物事を考えがちになります。今日の嫌なことが明日もまた、起きるのではないかと。そういう時こそ、気持ちを切り換え、更に加えて笑顔になるようつとめることにいたしましょう。「笑う門には福来る」という諺もあるではありませんか。笑顔は自分を変え、相手も変え、人生をも変えることが出来るのです。

「心が変われば人生変わる」という言葉に、あの松井秀喜選手や、野村克也監督も心を打たれ、野球人生や選手指導に大きな影響を与えたと聞きます。

仏典の言葉

「こころこめて葺かれたる家に
雨はふるとも漏れやぶることなし」

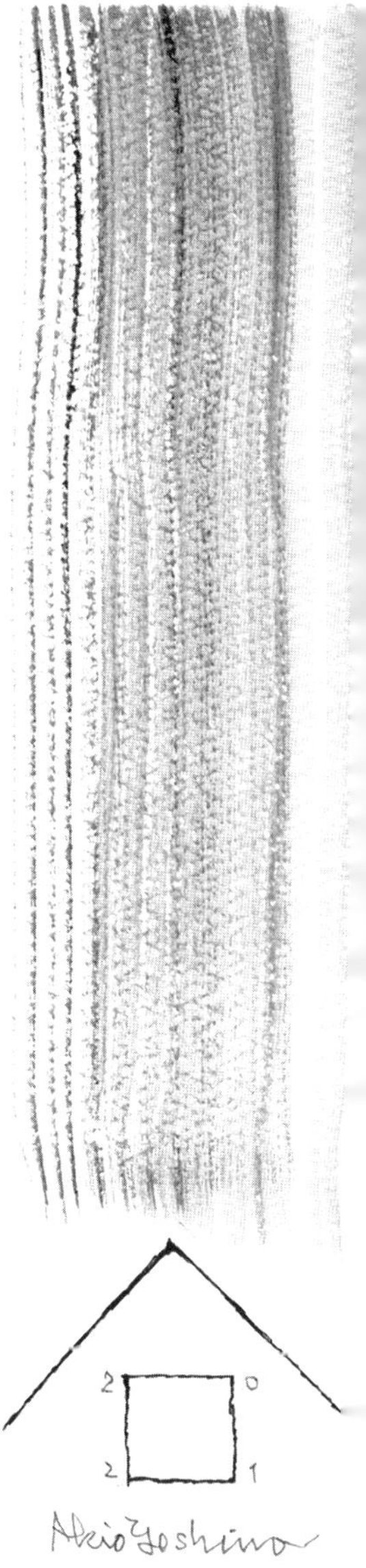

ブッダが弟子たちと旅をするうちに雨にあい、雨宿りをしようとされました。最初に入った家は、屋根が粗雑に葺かれていて雨が漏れていました。これでは雨宿りにはならず、次の家を訪れました。その家の屋根はしっかり葺かれていて雨が漏れることがありません。

そこでブッダは仰いました。「こころこめて葺かれたる家に　雨はふるとも　漏れやぶることなし　かくのごとく　よくととのえし心は　貪欲も破るすべなし（『法句経』一四番）」と。

雨や風がないようにすることはできません。しかし、屋根がしっかり葺かれていれば、雨が降っても困りません。それと同じく、人生の困難も避けることはできません。しかしながら、困難な目にあっても、それにめげない心を養っておくことが大切です。

姿勢を正し、ゆっくりと呼吸して、貪りや怒りなどに波立つ心を静かに調える習慣を身につけておきたいものです。

聖書の言葉

「主の道を整え、その道筋をまっすぐにせよ。谷はすべて埋められ、山と丘はみな低くされる。曲がった道はまっすぐに、でこぼこの道は平らになり、人は皆、神の救いを仰ぎ見る」

（「ルカ福音書3・4〜6」より）

私は五島列島の神父になりたての頃、海で遭難したことがありました。夜釣りの最中、海峡の潮鞘に入ってしまったのです。季節風にあおられ波と激流に舟は翻弄されました。そして私は、身も心も自然と神に逆らってしまいました。

「早朝ミサに神父様が来ない」島の信者さんの舟が全隻私の捜索に出て、漂流した私を助けに来てくれました。海をよく知らなかったのです。凪を待つ「辛抱」が足らなかったのです。神のせい、自然のせい、人のせいにしてしまっていたのです。

待つことの大切さを知りました。それはただ漠然と時を過ごすことではありません。大自然や神への畏敬の念と共に、日々、素直に希望を失わず、謙虚に、柔和・寛容・忍耐の心を整え、自分を養っておけば目の前に道はおのずと拓けるのだと。

仏典の言葉

「おのれの愛しいことを知るものは
他のものを害してはならぬ」

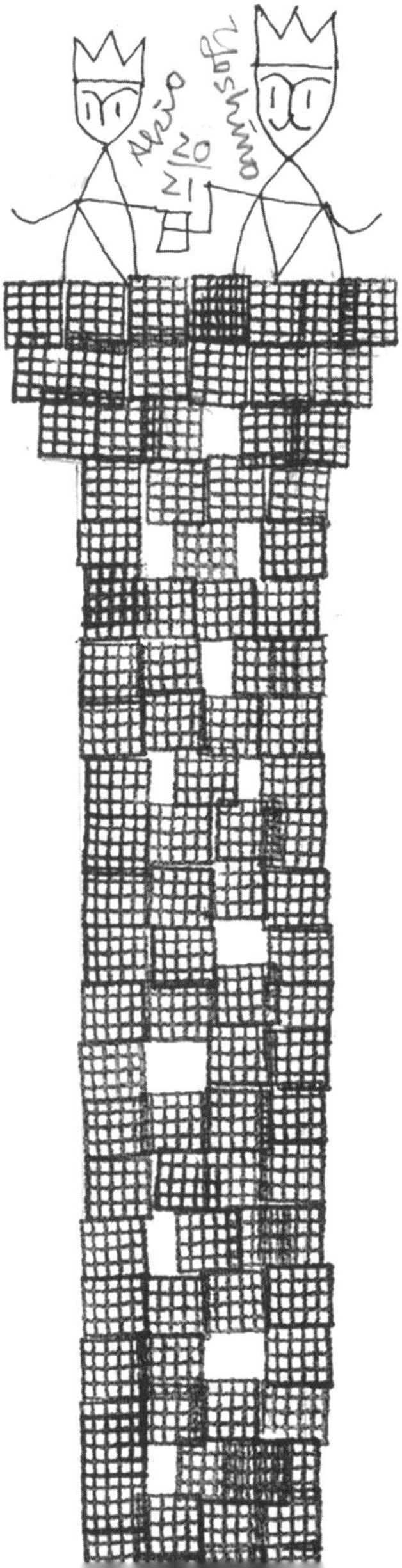

コーサラのパセナーディ王が、ある時に王妃とともに、城の高楼に上って、眼下に広がる町を眺めていました。

そして王妃に問いました。この広い世に、自分自身よりも愛しいと思うものはあるだろうかと。王妃は、しばらく考えて、この世に自分よりも愛しいと思われるものはありませんと答えました。王もまた、そうとしか思えないと言って、二人でブッダのもとを訪ね、自分たちの考えは間違っていないか伺いました。

ブッダは、「人は、どんなに思いを馳せても、自分よりも愛しいものを見いだすことはできない。それと同じく他の人々にとっても自己はこの上なく愛しい。おのれの愛しいことを知るものは、他のものを害してはならぬ」と説かれたのでした。

誰しも自分が愛しいという思いを認めながら、そのことを知った上で、他人を傷つけてはならぬと示されたのです。他人を傷つけない、これは、ブッダの教えの根幹です。

「一粒の麦は、地に落ちて死ななければ、
一粒のままである。
だが、死ねば、多くの実を結ぶ」

（「ヨハネ福音書12・24」より）

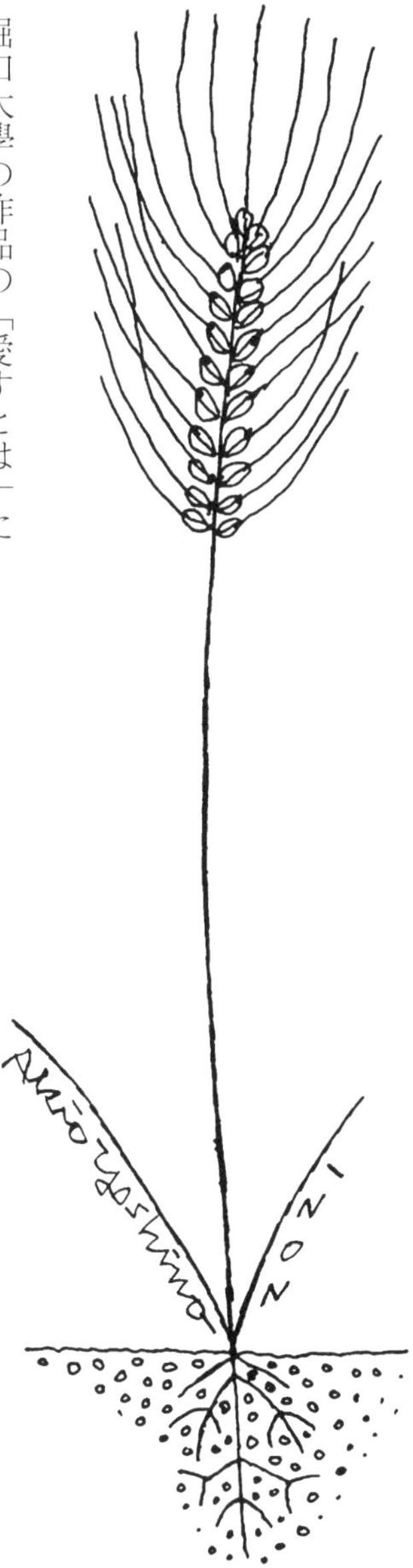

堀口大學の作品の「愛すとは」に

「愛すとは少し死ぬこと
　愛する者のためゆえに
　少し死ぬこと」

という詩があります。

人を愛することは自分の欲望を少しけずることです。

種はまかれなければ決して実を結びません。花が咲きません。

人のために尽くす行為が次の実りとなるのです。

一粒の麦の種は、象徴的です。まかれて埋まって、芽生えたら踏まれて、がっしりと育ち多くの実を結びます。その麦踏みも丁寧に愛情を込めて踏まねばなりません。私の母は子どもを背負っているように腰の後ろに手を組んで丁寧に麦踏みをしていました。その恰好が愛情そのもののように見えました。

仏典の言葉

「親族の木陰は涼しい」

ブッダは、釈迦族のお生まれでした。もと王子でありながら、出家してブッダになりました。そのブッダの晩年、悲劇が起こりました。隣国のコーサラ国の国王が、釈迦族を滅亡しようとしたのでした。釈迦族にも原因があって、コーサラ国王の怨みをかって、報復されることになったのでした。

ブッダはそのことを知って、コーサラ王が進軍する途中の枯れ木の下に坐っておられました。コーサラ王は、「葉の繁った涼しい木の下に坐ったらどうですか」と言いました。

ブッダは、「たとえ、枯れ木の枝でも親族の木陰は涼しい」と答えました。王はブッダのお心を察して引き返しました。しばらくして再度王は出撃します。またブッダは同じ木陰に坐りました。そのように三度出掛けて、三度引き返しました。

とうとう四度目には、ブッダも引き留めませんでした。「親族の木陰は涼しい」、避けることのできないことと知りながらも、親族を思うブッダのお心がしのばれます。

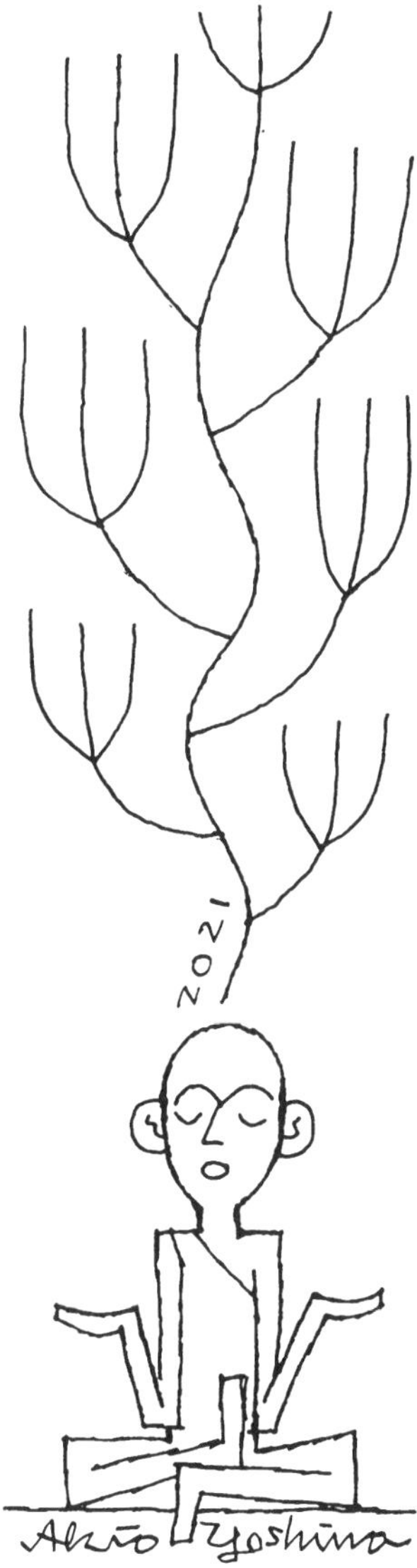

聖書の言葉

「裁くのは主なのです。ですから、主が来られるまでは、先走って何も裁いてはいけません」

（「コリントの信徒への手紙1、4・4～5」より）

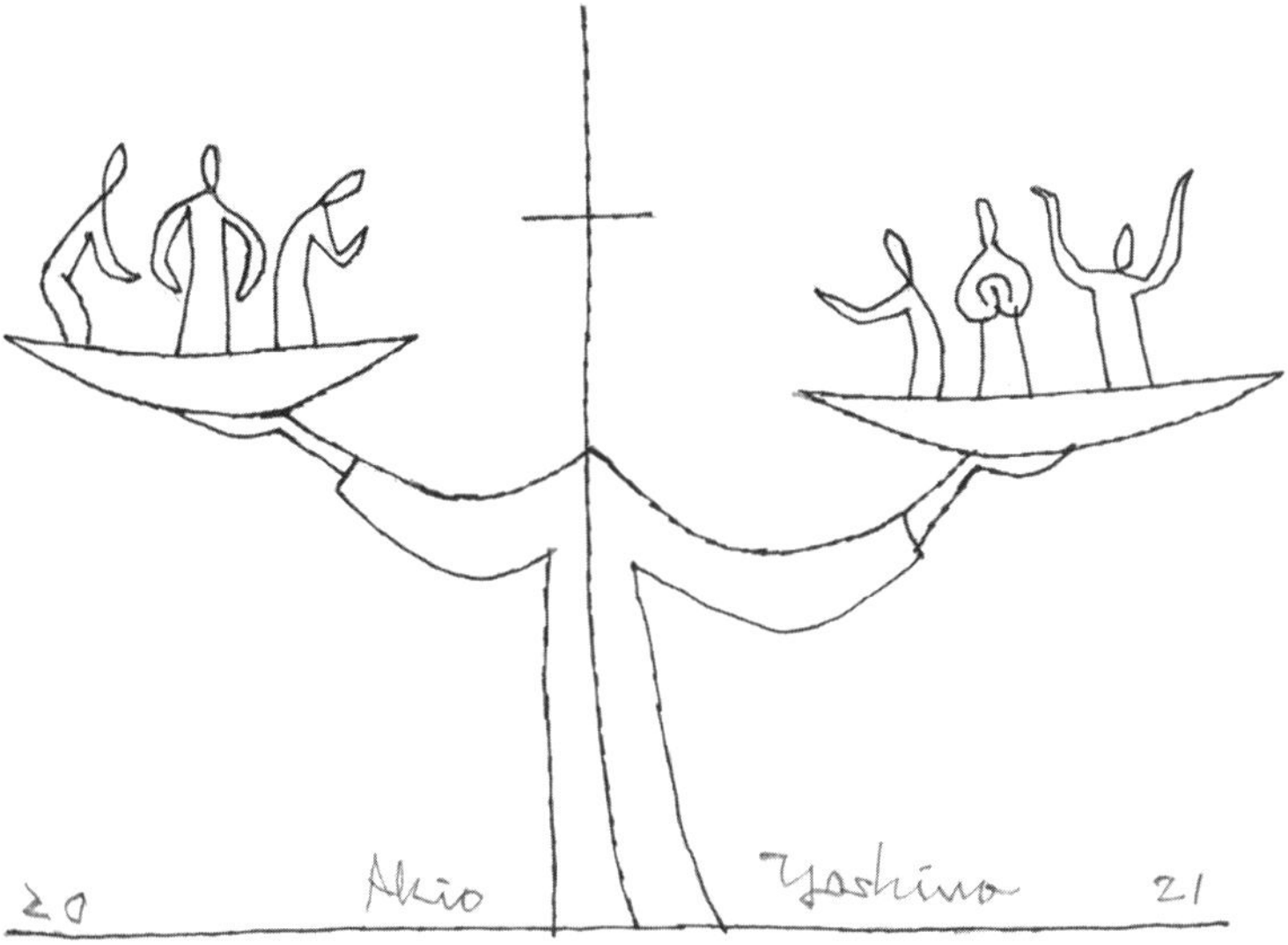

結論を急ぎ過ぎることがありませんか。まして自分の考えと相違した発言は不愉快に感じたりしませんか。多くの人に意見を求め、それに耳をかたむけることが大切です。答を性急に求めてはいけないのです。

「共生社会」という言葉を近年、よく耳にします。国や民族や宗教はもちろん、性や年齢や障がいなどの異なった人々が共に仲良く平和に生きていくにはお互いを知り尊重し理解することが重要です。まして自然との共生になりますと人間の都合ばかり言っている訳にはいきません。

「あなたの意見は一〇〇％賛成できないが、一〇〇％尊重する」という偉人の名言があります。時には反対の声も天の声になるかもしれません。

私にとって主はキリストですが、「時の氏神」という表現があります。じっと我慢して時を待つことによって良い結果が生まれることがあるのです。

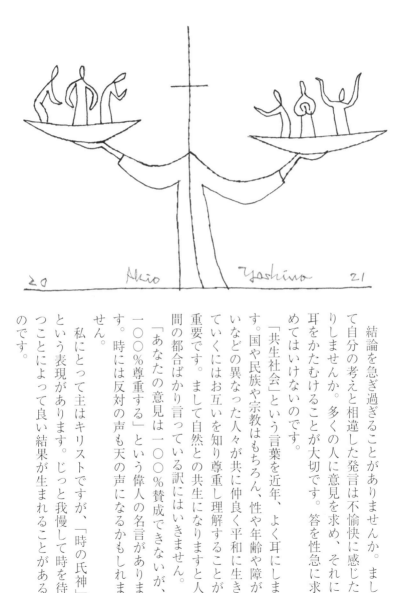

「いま、われ、甘露の門をひらく。
耳ある者は聞け、ふるき信を去れ」

ブッダは、難行苦行の末に悟りを開かれました。そして、その安らかな境地のままに止まろうとされました。自分が悟った教えは、世間の欲にまみれた人には説いても理解されないと思ったのでした。

そこでインドの神である梵天が、お説法をお願いしました。世の中にはきっと聞いて分かる者もいるはずですと頼んだのでした。

ブッダは、蓮の花が、水中にとどまるものもあり、水面から出て花を咲かせるものがあるように、世の中には様々な人がいるので、教えを説くことは無駄ではないと思いました。

そして、命あるものに対して憐れみの心を起こして、教えを説くことを決意されました。この慈しみ憐れみの心を起こしたのが仏教の始まりです。その第一声が、「いま、われ、甘露の門をひらく。耳ある者は聞け、ふるき信を去れ。」でした。甘露は不死を意味します。死の苦しみを越える道を説かれたのでした。

聖書の言葉

「狭い門から入りなさい。滅びに通じる門は広く、その道も広々として、そこから入る者は多い。しかし、命に通じる門はなんと狭く、その道も細いことか。それを見いだす者は少ない」

（「マタイ福音書7・13〜14」より）

「かわいい子には旅をさせよ」とか「苦労は買ってでもしろ」ということわざがありますが、なかなかそう出来ないものです。

聖書では、財産や地位や権力など、この世のものを持ったまま天の国の門は通れない。それをすべて脱ぎ捨てた者こそが、「狭き門」をくぐり、天の国に続く細い道に進むことが出来ると教えます。

じつは、茶道の中に、「狭き門」の本来の意味を体現したものがあります。茶室の「にじり口」ですが、縦も横も狭いので、正座して頭を下げ身をにじりながらしか入れません。つまり、謙虚な気持ちで身分の隔てなく、皆同じように茶室に入り、座り、お茶をいただくのです。刀を腰にさしたまま入ろうとすると、刀が引っかかって入ることが出来ません。「金持ちが天の国に入るよりも、らくだが針の穴を通る方がまだ易しい」(マタイ福音書19・24)という言葉にも通じます。

厳しい道、困難な道を選ぶときっと実を結びます。楽な道を選ぶと、身を滅ぼすことにつながります。

仏典の言葉

「善き友をもち、
善き仲間とともにあることが、
この道のすべてである」

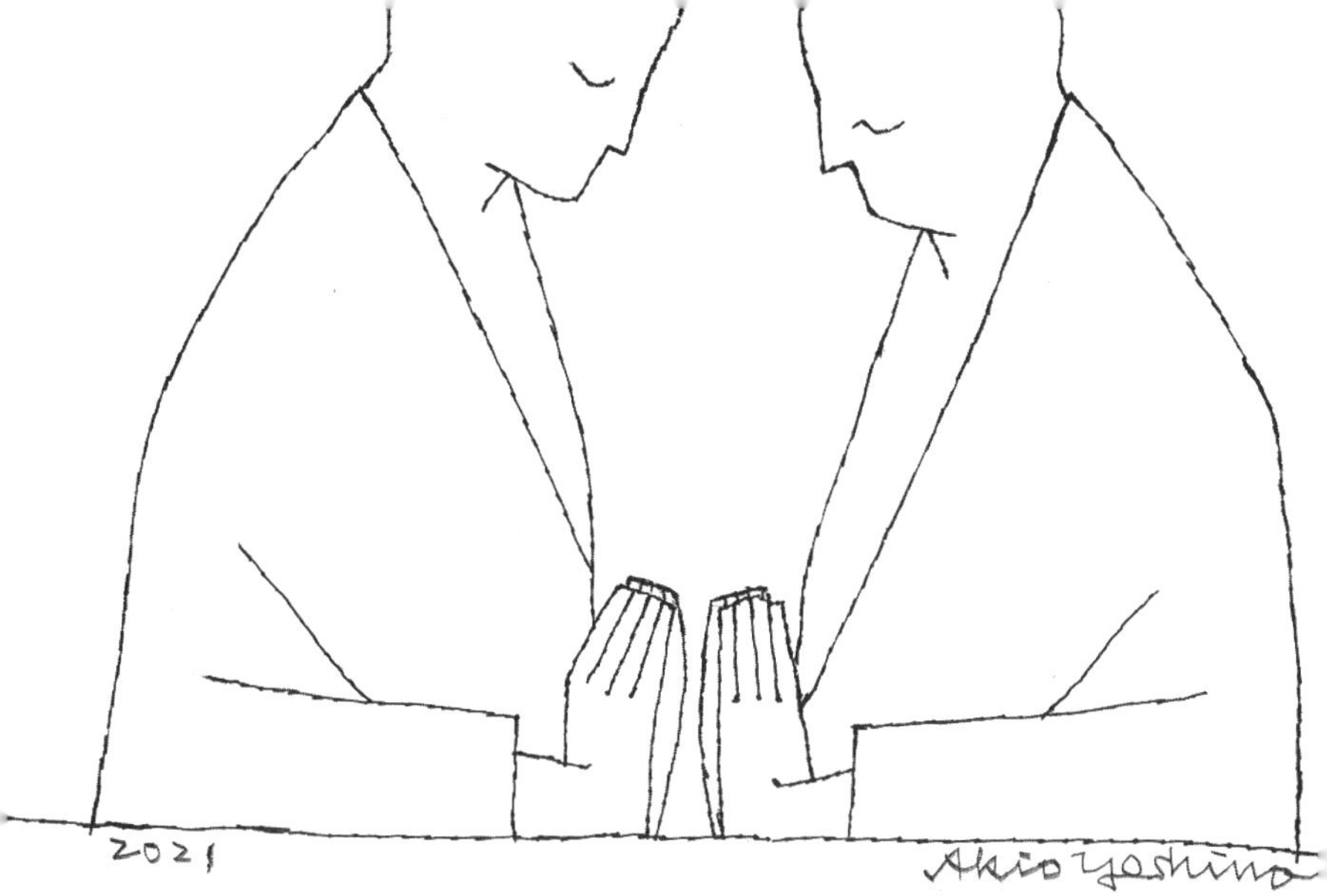

ブッダは、常に善き友を持つことの大切さを説いておられました。そんなお話を聴いて、阿難尊者は、ブッダに尋ねました。

「私どもが、善き友をもち、善き仲間とともにあるということは、すでにこの道の半ばを成就したに等しいと思われます。この考えは如何でしょうか」と。

するとブッダは、「それはちがう」と仰いました。そして「善き友をもち、善き仲間とともにあることが、この道のすべてである。」と仰せになったのでした。阿難尊者は、善き友を持つことが道を半分も成就したことになるというだけでも、少々言い過ぎかもしれないと思って尋ねたのでした。それが、そんな程度ではないと知らされたのでした。

仏弟子になるには、三宝に帰依することが必須でした。仏と法と僧をより所をすることを誓うのです。仏とは私たちを導いてくれる師であります。法とは真理であります。僧は、もともと共に学ぶ仲間のことでした。善き友と学ぶことこそ、仏道のすべてなのです。

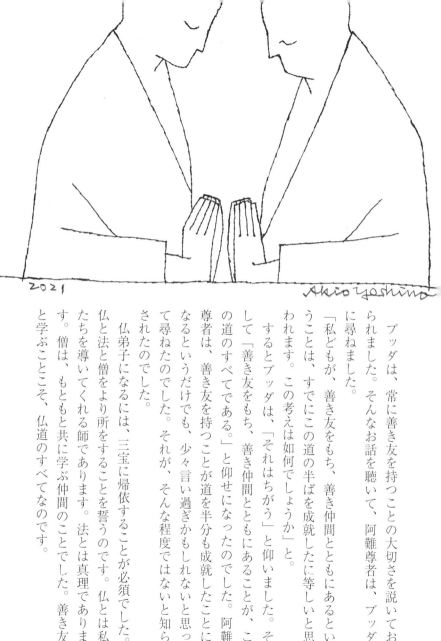

国宝 円覚寺舎利殿

聖書の言葉

「舌を制御できる人は一人もいません。舌は、疲れを知らない悪で、死をもたらす毒に満ちています」

（「ヤコブの手紙3・8」より）

「物言えば唇寒し秋の風」は、松尾芭蕉の句です。

　人の欠点を言ったあとは、後味が悪く、また自慢をした後はなんとなくさびしい気持ちがします。また、あんなこと言わなきゃよかったと後悔したりもします。そんな体験がありませんか。まさに、「口は禍の元」、「舌は禍の根」そのものであります。

　しかし、舌は人を幸せにし、神に賛美を捧げることも出来ます。人の力だけでは舌を制御することは出来ませんが、神さまの心を持てば出来ると思います。「思いやりの心」です。それは、「おはよう、ありがとう、しつれいしました、すみません」の「オアシス運動」の心でもあります。

仏典の言葉

「すべては燃えている
そのことを知らねばならない」

ブッダは旅の途中、弟子達を連れてガヤーシーサ（象頭山）に登りました。山上に立ったブッダは、そこで「すべては燃えている。熾然《しねん》として燃えさかっている。そのことを、なんじらはまず知らねばならない。」と仰せになりました。

いったい何によって燃えているのかというと、貪欲の炎に燃え、瞋恚《しんい》の炎に燃え、愚癡《ぐち》の炎に燃えているというのでした。貪欲とは、自分さえよければいいというわがままな欲望です。瞋恚とは、いつもイライラして、他人を差別し批判する心です。愚癡は、思慮不足です。正しい状況を知ろうとしない心です。

この炎によって他を傷つけたり、自らを傷つけたり、地球をも傷めるのです。燃えているのに気づいていないのが一番深刻です。ブッダは、この炎を消さねばならないと教えを説かれました。炎を消すのは慈悲の心です。

聖書の言葉

「すると、たちまち目からうろこのようなものが落ち」

（「使徒言行録9・18」より）

『広辞苑』をめくってみてください。

〝目から鱗が落ちる。―あることをきっかけとして、急にものごとの真相や本質が分かるようになる〟と書かれています。

この言葉の出典が聖書であると明記されていますのに、そのことに気付いている人は少ないような気がします。

のちにキリストの選びを得て宣教につとめた弟子パウロは、それまでは、キリストとその弟子たちに迫害を加える人物でした。或る日、サウロ（のちパウロ）は旅の途中で、突然天から降ってきた光で失明してしまいます。しかし三日後、キリストの聖霊で満たされたパウロの目から鱗のようなものが落ちて、目は元のように見えるようになったのです。

人は人生の中でふと立ち止まった時、名声や財力を求めてきた過去が、それはただの虚飾に過ぎないと気付くことがあります。目から鱗が落ちた瞬間です。それは愛に満ちた新たな人生の出発点になるのです。

仏典の言葉

「他人の過失を見るなかれ」

『法句経』の五〇番にあるブッダの言葉です。この言葉のあとに、「他人のしたこととしなかったことを見るな。ただ自分のしたこととしなかったことだけを見よ。」と続きます。ブッダの教えでは、どこまでも自分自身を見つめることを大切にしています。他人と比べたりすることは必要ないのです。競争することもありません。

とかく人は他人の過失にはよく気がつきます。言ってあげることが親切な場合もありますが、余計なお世話になることが多いものです。それよりも、自分自身の到らない点をよく見つめることが大切なのです。

禅の言葉に、「是非を説く人は是非の人」というのがあります。人の批判をするのは、結局それまでの人で終わってしまいます。どこまでも己自身を見つめて、煩悩を制御し慈悲の心を持つよう、常に向上しようと努力を続けることがブッダの教えの根幹です。

聖書の言葉

「いちばん先になりたい者は、すべての人の後になり、すべての人に仕える者になりなさい」

（「マルコ福音書9・35」より）

人はとかく自分の行った仕事を自慢したいものです。自分が言い出したアイディアがあったからこそ成功したのだと言いたがります。本当の良い行いは自らが語らずとも、やがて他人から評価されるものです。キリストはそういう人間の先を争う行動を戒めているのです。これはだれがいちばん偉いかと議論していた弟子たちへのキリストの逆説的な言葉です。大変意味深長な教訓です。謙遜と奉仕の大切さを説いているのです。高慢な人は人からも神様からも嫌われます。しかし、謙虚な人は周りの人からも神様からも好感を持たれ、むしろ大切にされ、信用されて、気がつけばいちばん先の存在になっているのです。

仏典の言葉

「もしも愚者がみずから愚であると考えれば、すなわち賢者である」

この言葉の後に、「愚者でありながら、しかもみずから賢者だと思う者こそ、『愚者』だと言われる。」と続いています。

ブッダのお弟子に周利槃特《しゅりはんどく》という僧がいました。彼は愚鈍で、わずかな経文も諳んじることができず、自らの愚かさを歎いていました。ブッダは、彼を憐れんで、一枚の布きれを与え、「塵を払わん、垢を除かん」と唱えては、ひたすら掃除をすることを命じました。

彼は、このことのみに集中して、心の汚れを除き去って、悟りを得ることができました。自らの愚かさに失望しながらも、一つのことに専念して心を浄めることができたのです。彼こそが賢者というべきであります。ブッダの慈愛の心と、愚かさを認めながらひたむきに務めることの尊さを思います。

「わたしたちは知っているのです。苦難は忍耐を、忍耐は練達を、練達は希望を生むということを。希望はわたしたちを欺くことがありません。わたしたちに与えられた聖霊によって、神の愛がわたしたちの心に注がれているからです」

（「ローマの信徒への手紙五・三〜五」より）

「ローマの信徒への手紙」の著者は、使徒パウロです。彼は、最初キリスト教徒を激しく迫害する者でしたが、キリストとの劇的な出会いを体験し、回心してキリスト教の熱心な宣教師に変わりました。その後のパウロの宣教活動（人生）は、まさに苦難の連続でしたが、心に強い希望を持って苦難に立ち向かったのです。

こうして、ますます忍耐力が強められ、度重なる練達はより大きな希望を生みだしていきます。パウロの宣教活動(人生)の原動力・源泉は、キリストへの「信仰・希望・愛」にありました。

希望があれば苦難は喜びでさえあるのです。苦難、忍耐、練達、希望は、「喜びの輪」です。コロナ禍を希望を持って乗り越えて行きましょう。

仏典の言葉

「怒らないことによって怒りにうち勝て」

『法句経』の二二三番にあるブッダの言葉です。友松円諦《ともまつえんたい》先生は、「なごやかさによりて怒りに」克つべしと訳されました。この言葉の後に「善いことによって悪いことにうち勝て。わかち合うことによって物惜しみにうち勝て。真実によって虚言の人にうち勝て。」と続きます。怒りに対して怒りで対抗しようとするとお互いに良い結果にはなりません。

ブッダの実の子でありの仏弟子でもあったラゴラ尊者が、ある時に暴漢に襲われて怪我をしました。しかし尊者は、私の傷は一時のことでやがて治るけれども、私に危害を加えた者は、その悪業のために長く苦しむことになって、かえって気の毒だと憐れみの心を起こしていました。

そのことを伝え聞いたブッダはラゴラ尊者を褒めました。どんな目に遭おうとも、それを忍んで、こちらからは慈しみを起こしてゆくようにと教えられたのでした。

聖書の言葉

「園《その》の中央にある善悪の木の実だけは取って食べてはならない」

（「創世記2・9、17　3・3、5　参考」より）

天地創造、人類創造の時に、神は造られたものをすべて良しとされました。そして、ご自分にかたどって造られた人間に、これを支配させました。しかし、ただ一つだけ絶対悪を定められたのです。それがこの掟でした。

「神さまだけが善悪を決めることが出来る」とされたのです。いつも、「神さま中心」でなければなりません。つまり、人間が神になることはできないのです。人間もあくまで「被造物」なのです。

アダムとエヴァの罪が、まさにその掟を破る最たるものでした。「バベルの塔」の話もそうです。

自分が神になろうとする者は必ず滅びるのです。

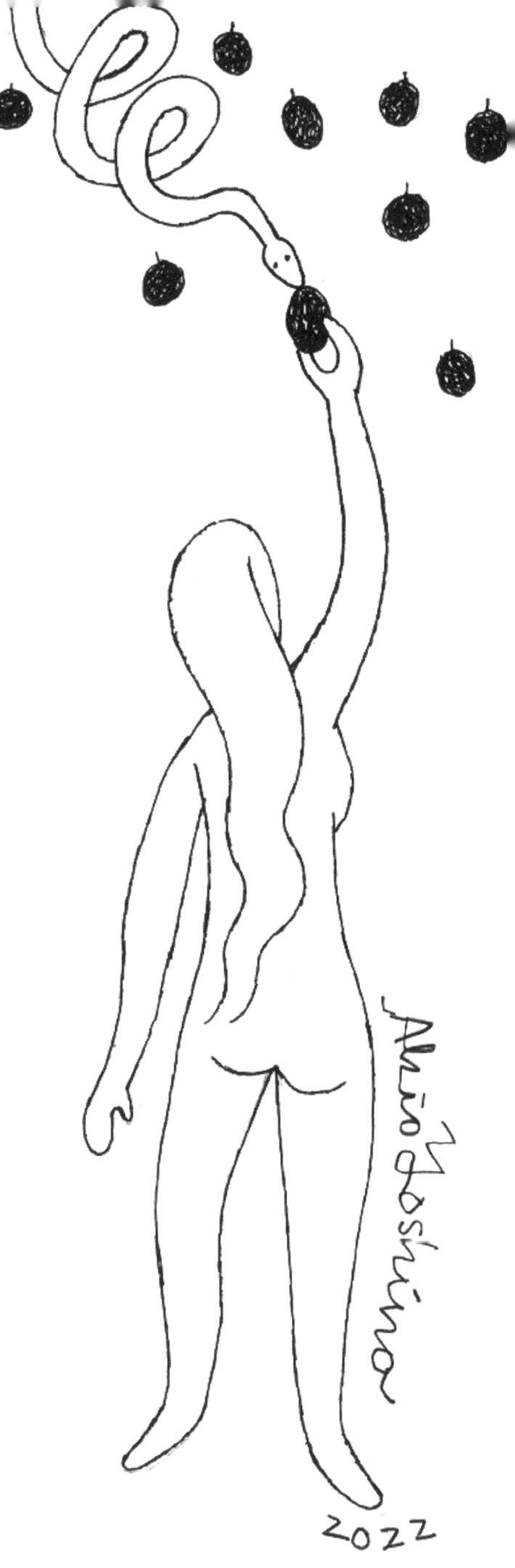

「一切の生きとし生けるものどもに対しても、
無量の慈しみのこころを起こすべし」

ブッダの言葉を集めた『スッタニパータ』にあります。「あたかも母が独り子を命を懸けても護るように、そのように一切の生きとし生けるものどもに対しても、無量の慈しみのこころを起こすべし」という言葉です。これこそがブッダの心であり、最も大切な教えであります。
母親が我が子を愛し護ることは、いつの時代にもどんな民族にも共通であります。我が子の喜びを我が喜びとし、我が子の悲しみを我が悲しみとして感じるのです。そんな心こそが慈悲の心なのです。
その慈悲の心をあらゆる命あるものに及ぼすのです。自分のことばかりを思うのではなく、周りの幸せを祈る願う心を持ちたいものです。まず身近な人に、命あるものに慈しみの心を起こしましょう。

聖書の言葉

「疲れた者、重荷を負う者は、だれでもわたしのもとに来なさい。休ませてあげよう。わたしは柔和で謙遜な者だから、わたしの軛《くびき》を負い、わたしに学びなさい。そうすれば、あなたがたは安らぎを得られる。わたしの軛は負いやすく、わたしの荷は軽いからである」

（「マタイ福音書11・28〜30」より）

この箇所を「文化の日柔和謙遜学びたし」、と詠みました。「柔和、謙遜」が、人類の文化になって欲しいという願いからです。「粗暴・傲慢」は平和を乱し、「柔和・謙遜」は平和をもたらします。粗暴で傲慢な人は、失敗すると絶望に陥り、自分自身や周りに粗暴になってしまいます。安らぎを得られず、平和を乱します。柔和で謙遜な人は、失敗しても失望したり、自暴自棄になったりせず、妬んだり恨んだりしません。ですから、自ら安らぎを得、周りにも平和をもたらします。

キリスト自身がともに歩み、「柔和・謙遜」の「軛」を分かち合ってくださるのです。

仏典の言葉

「世界を空《くう》なりと観ぜよ」

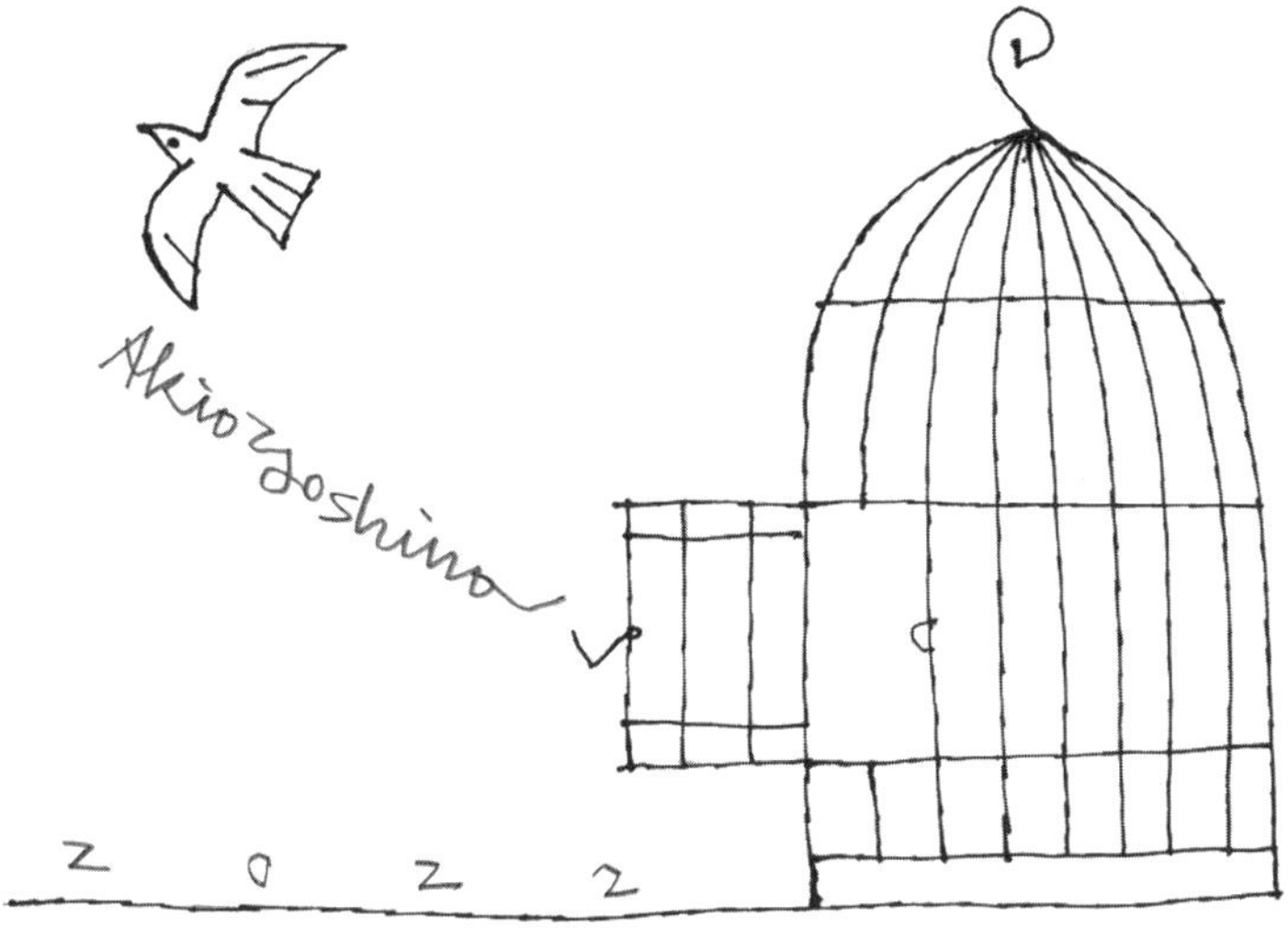

『スッタニパータ』に、「つねによく気をつけ、自我に固執する見解をうち破って、世界を空なりと観ぜよ」（『ブッダのことば』〈岩波書店〉）という言葉があります。

この世界というのは、私たちが見たり聞いたり感じたりして作り上げている世界のことです。私たちは自我意識によって、自分の世界を作り上げています。思い込みの世界と言ってもよいでしょう。この世は闇だと思い込む場合もありましょうし、自分なんてこんなものだと思い込むこともあるでしょう。

鳥が籠の中に閉じ込められるように、私たちは、さまざまな思い込みの枠の中に縛られています。そんな思い込みの枠などは空である、本来ないものだと観ることができれば、籠から放たれた鳥のように、もっと広い世界を自由に生きることができます。豊かな創造性と限り無い可能性が開かれます。

聖書の言葉

「女が自分の乳飲み子を忘れるであろうか。母親が自分の産んだ子を憐れまないであろうか。たとえ、女たちが忘れようとも、わたしがあなたを忘れることは決してない」

（「イザヤ書49・15」より）

個人的に希望がないと思う時、どうしようもない状況で、また破壊されつつある社会の絆の中で、聖書には母的神の顔が示されています。「あなたをわたしの手のひらに刻みつける」とまで言い切ります。当然、手に傷が生じ、痛みと苦しみが生じます。あなたの苦しみを、ご自分の苦しみとして引き受けてくださるというのです。

悲しみに暮れていた弟子たちのところに来て、十字架の傷跡を見せながら「あなたがたに平和があるように」（ヨハネ福音書20・19）と言って力強く立っている復活のキリストを彷彿させます。

コロナ禍の中で孤独になったり、人間関係が希薄になったりしがちな時、お互いが神の顔を現し、人の頼りになり、希望を与え、ゆるす母なる神のようになりたいものです。

「清らかな心で話したり行ったりするならば、
福楽はその人に付き従う」

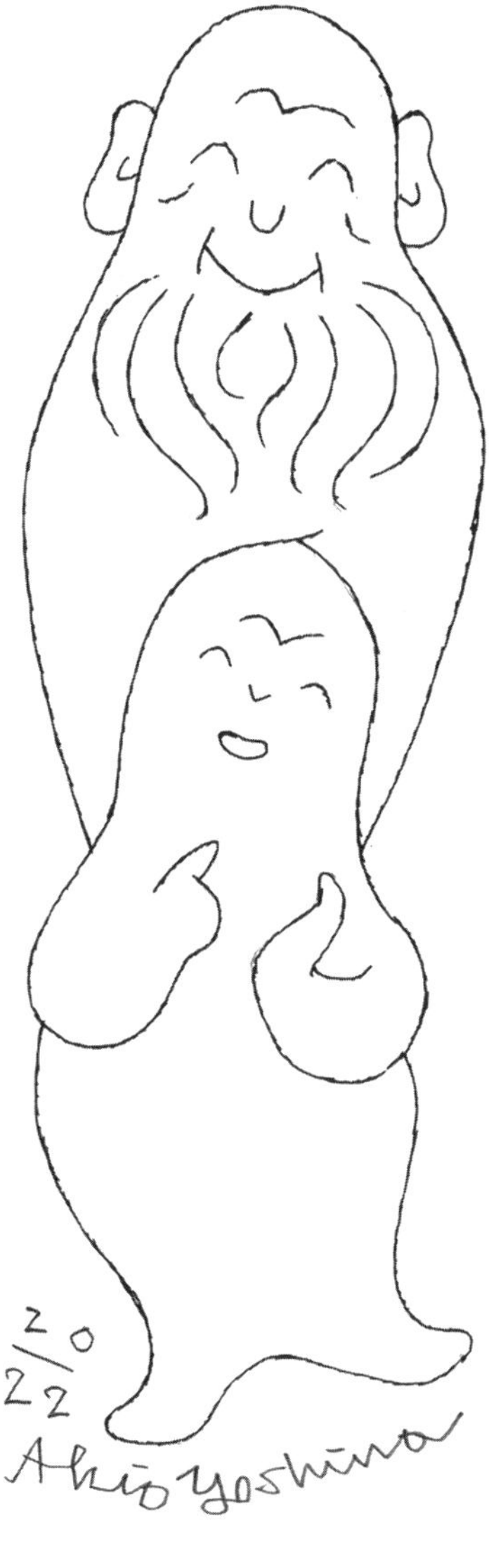

『法句経』の二番に、「ものごとは心にもとづき、心を主とし、心によってつくり出される。もしも清らかな心で話したり行ったりするならば、福楽はその人に付き従う──影がそのからだから離れないように」という言葉があります。

その前には、「汚れた心で話したり行ったりするならば、苦しみはその人に付き従う。──車をひく（牛）の足跡に車輪がついてゆくように」と説かれています。

自分自身を幸せにするのも、不幸にしてしまうのも、自分の心の持ちようと、その行いにかかっています。心の汚れとは、自分さえよければいいと思うように自己本位の心であります。清らかな思いとは、見返りをもとめず、他の人の為に尽くす心であります。

清らかな思いで人の為に尽くしましょう。きっと幸福がかえってくるはずです。

聖書の言葉

「人を裁くな。あなたがたも裁かれないようにするためである。あなたがたは、自分の裁く裁きで裁かれ、自分の量る秤で量り与えられる」

（「マタイ福音書7・1〜2」より）

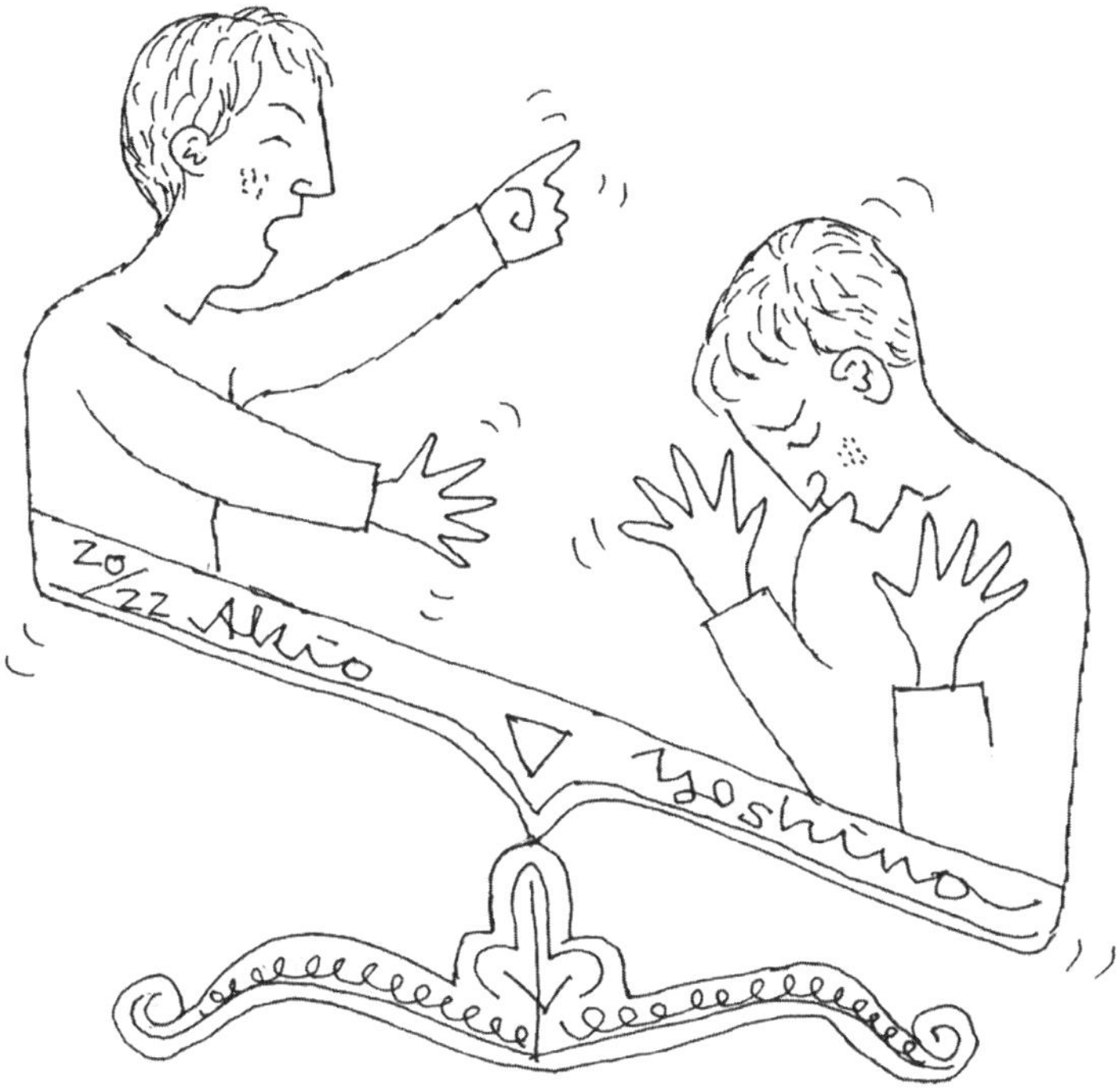

人は誰でも自分のことは棚に上げて他人のことを批判しがちです。このような生き方では、同じように自分も他人から批判されるのです。

まずは、自分の欠点、失敗をよく見て、他人のことを批判したり裁いたりしないことが肝要です。

「まず自分の目から丸太を取り除け。そうすれば、はっきり見えるようになって、兄弟の目からおが屑を取り除くことができる。」（マタイ福音書7・5）と言われる通りです。自分の裁き、度量が問われることになります。

仏典の言葉

「芥子《けし》の実をもらってきなさい。
ただし、誰も死者を出していない家から」

大切な我が子を亡くした母がいました。我が子の死を受け入れられず、死んだ子を抱いて、ブッダを訪ねて願いました。この子を生き返らしてくださいと。ブッダは言いました、「芥子の実をもらってきなさい。ただし、誰も死者を出していない家から」と。

母親は必死になって一軒一軒訪ねてまわり、町中を探しました。芥子の実はどの家にもありますが、どの家も誰か大切な人を亡くしているのです。疲れ果てた母親は、ようやく気がつきました。今まで私の息子だけが死んだと思っていたけれども、人は皆大切な人を亡くして生きているのだということを。

母の名はキサー・ゴータミーと言います。ブッダは、この世はすべて無常であることを説いてきかせたのでした。そして、無常であることを受け入れて生きてゆくのです。

† 聖書の言葉

「皇帝のものは皇帝に、神のものは神に返しなさい」

（「マタイ福音書22・21」より）

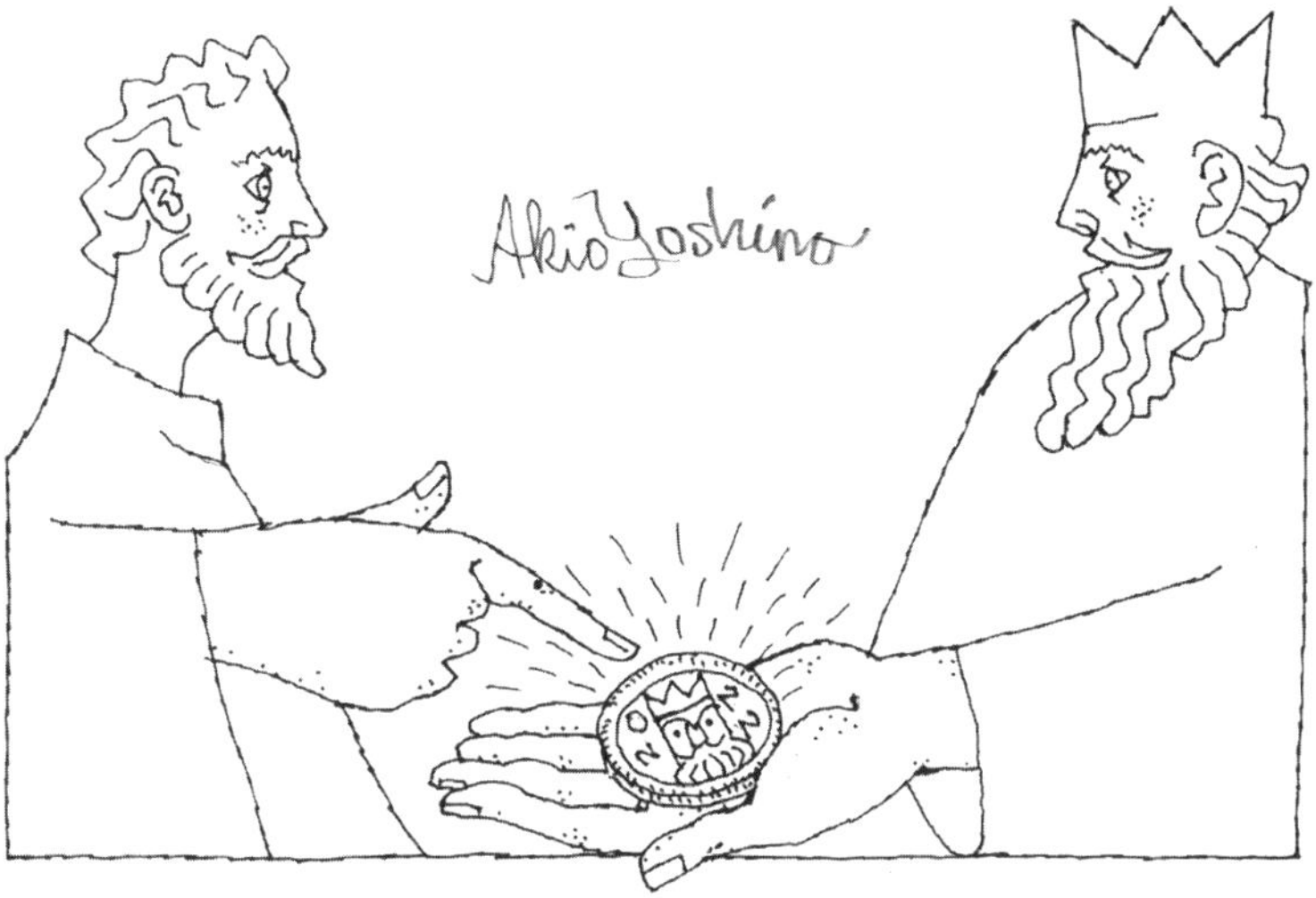

イエスは、皇帝への税金問題で対立する宗教的二派の人々から、「皇帝に税金を納めるのは、律法にかなっているでしょうか……」（マタイ22・17）と問われました。イエスは、この質問が悪意をもった罠であることに気づき、逆に意表をつく質問をしたのです。税金に納めるお金を見て、「これは誰の肖像と銘か」と。人々が「皇帝のものです」と答えたのに対する有名な言葉です。

この言葉を、「政教分離」を教えていると解釈する人がいます。宗教者が政治的発言をすると、「政教分離の原則に反する」と批判されることがあります。また、「政教分離」の名のもとに、国や行政が宗教者の集まりや行事に参加することを拒絶するケースがよくあります。むしろ、政治・社会活動は市民として、宗教活動は宗教者として真摯に取り組むことを奨励しているのです。

神への信仰と国家への義務、両方を守ることは矛盾ではありません。

仏典の言葉

「ことばを慎み、心を落ち着けて慎み、身に悪を為してはならない」

ブッダの言葉に「ことばを慎み、心を落ち着けて慎み、身に悪を為してはならない、これらの三つの行いの路を浄くたもつならば、仙人（＝仏）の説きたもう道を克ち得るであろう。」というのがあります。『法句経』にあるものです。

私たちが行う行為は、体と言葉と心の三つによっています。そこでこの三つにおいて悪をなさないように慎みます。体の上で慎むべきことは、生きものをむやみに殺めること、人のものを盗むこと、男女の道を乱すことです。言葉で慎むべきは、悪口をいうこと、二枚舌を使うこと、きれい事をいうこと、ウソをつくことです。心で慎むべきは、貪り、怒り、誤ったものの見方をすることであります。

これらの体と言葉と心の三つの行いを慎むことによって、お互いの人格を向上させることができます。お互い自らの努力によってよき生き方を目指すのが仏の道であります。

「わたしのこれらの言葉を聞いて行う者は皆、岩の上に自分の家を建てた賢い人に似ている。雨が降り、川があふれ、風が吹いてその家を襲っても、倒れなかった。岩を土台としていたからである」

（「マタイ福音書7・24〜25」より）

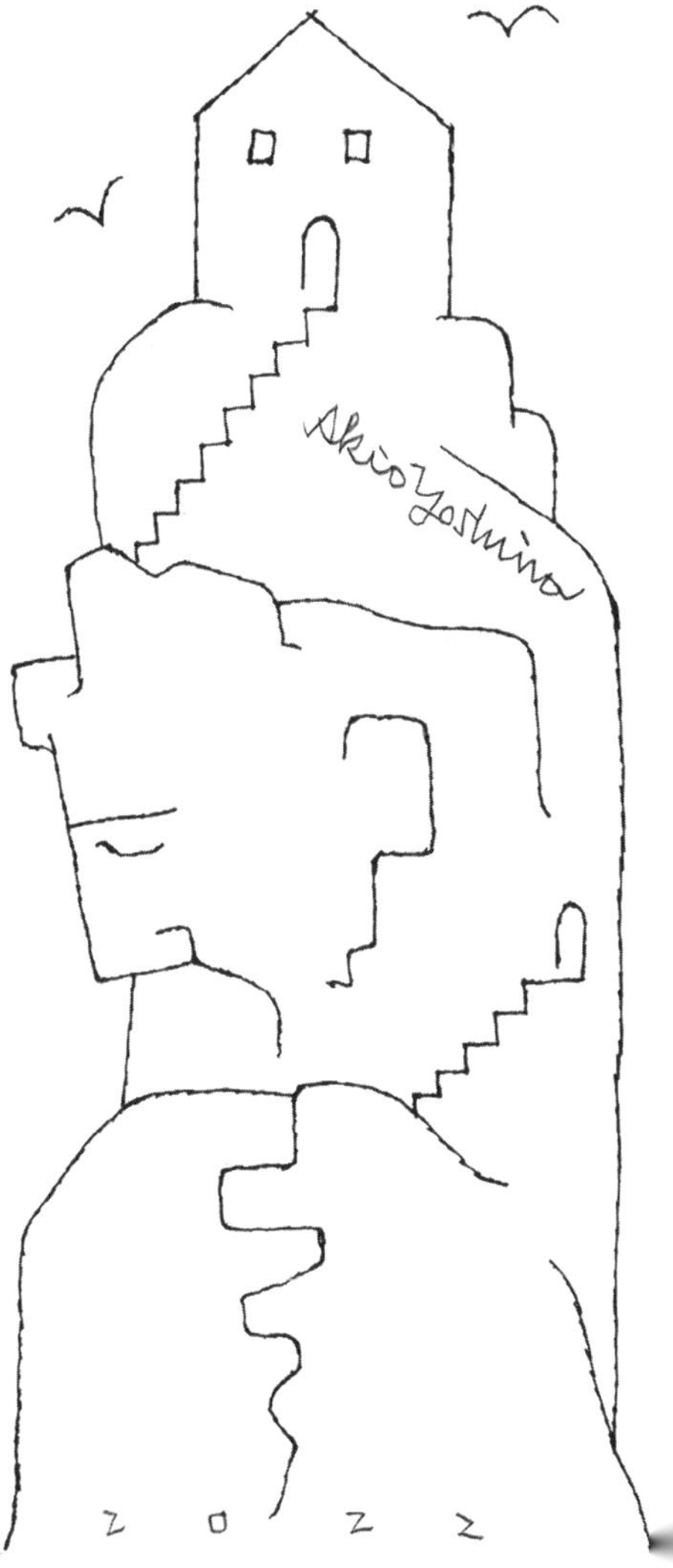

二〇一四年八月二十日の広島土砂災害の生々しい現場を視察した時の記憶が鮮明に蘇ります。しっかりとした土台の上に建っている家は土台もろとも残っていました。もちろん、聖書の言葉は、「信仰」のことを語るのですが、人生における「信念」がしっかりしていれば、洪水のような苦難にあっても揺り動かされずに、人生を歩み続けることが出来るのです。しかし、土台がしっかりしていない家が崩れ流されるように「信仰」や「信念」がしっかりしていなければ、その人の人生は崩れてしまうのです。

聖書の言葉とか仏典の言葉とかを「座右の銘」として日々精進して生きることの大切さを思い知らされたものです。

仏典の言葉

「すべての苦しみは愛執より起こる」

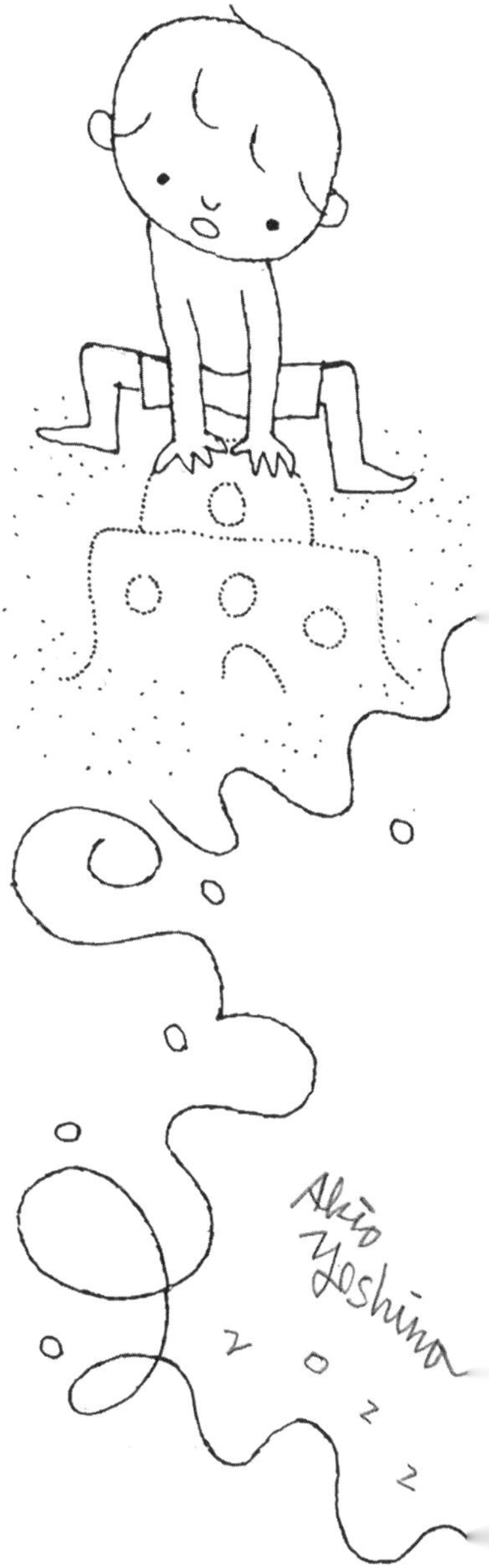

『スッタニパータ』に「およそ苦しみが生ずるのは、すべて妄執（愛執）に縁《よ》って起こるのである。」（七三九番）という言葉があります。

砂浜で子どもが砂の城を作って遊んでいます。波が砂の城を流してしまっても、子どもは楽しんでいます。砂の城は自分のものではなく、壊れるものだと知っているからです。執着が無ければ苦しみもないのです。

自分の家だと思って愛着を起こしてしまえば、その家が流されると苦しみを感じます。自分のものだと思って執着することから苦しみが起こるのだと分かります。苦しみの原因は、波が砂の家を流してしまうことではなく、お互いの愛執によるものなのです。

愛執は人生に彩りを添えるものですが、時にこうして苦しみを起こすものだと知ることも大切です。

「神は御自分にかたどって人を創造された。神にかたどって創造された。男と女に創造された。神は彼らを祝福して言われた。『生めよ、増えよ、地に満ちて地を従わせよ。海の魚、空の鳥、地の上を這う生き物をすべて支配せよ。』」

（「創世記1・27〜28」より）

この聖書の言葉は、最も誤解されやすい箇所です。「男と女に創造された」は、「ジェンダー問題」に火をつけてしまいそうです。決して、「ＬＧＢＴ」を否定しているわけではありません。すべてを含んだ男女人間の創造を語っているのです。

また、「生めよ、増えよ、……地を従わせよ。……生き物をすべて支配せよ。」も、暴力的にではなく、「寄り添い」をもって「ともに生きる」ようにと命じられているのです。自らも同じ被造物として、共生・共存を任された神の似姿としての世話人なのです。

神は、すべての被造物を被造物そのもののしあわせのために造られました。人間のしあわせは、神に似ること、神の意向に従うことです。つまり、神が目的とした全被造物のしあわせのため、全身全霊を上げて取り組むことです。人類は、神の天地創造の目的の協力者として造られたのです。

「言い伝えや経典にあるからとか名高い出家の言葉であるからといってそのまま受け入れてはならない」

ブッダがある村を訪れたところ、その村にはいろんな宗教家がやってきては、自分の教えこそが正しい、他の教えは間違いだと言うので、村人たちは何を信じていいか分からないと言いました。

ブッダ、「報道や言い伝えをそのまま受け入れてはならない、経典にあるとか又名高い出家の言葉であると言って受け入れてはならない。自分で、この教えはよくない、智慧のある人には厭《いと》われ、その教えを学ぶことによって、不利と苦悩が生じると知ったならば捨てればよい」と教えられました。『南伝大蔵経』三集第二大品《だいほん》にあります。

昔からやっているからとか、偉い人の教えだといってもそれを鵜呑みにせず、自分でよく考えて、正しいのかどうか、苦悩を生み出すものではないかとよく判断することが大事ということであります。

いつの時代でも心にとめておくべきことであります。

「……まして、あなたがたの天の父は、求める者に良い物をくださるにちがいない。だから、人にしてもらいたいと思うことは何でも、あなたがたも人にしなさい」

（「マタイ福音書7・11〜12」より）

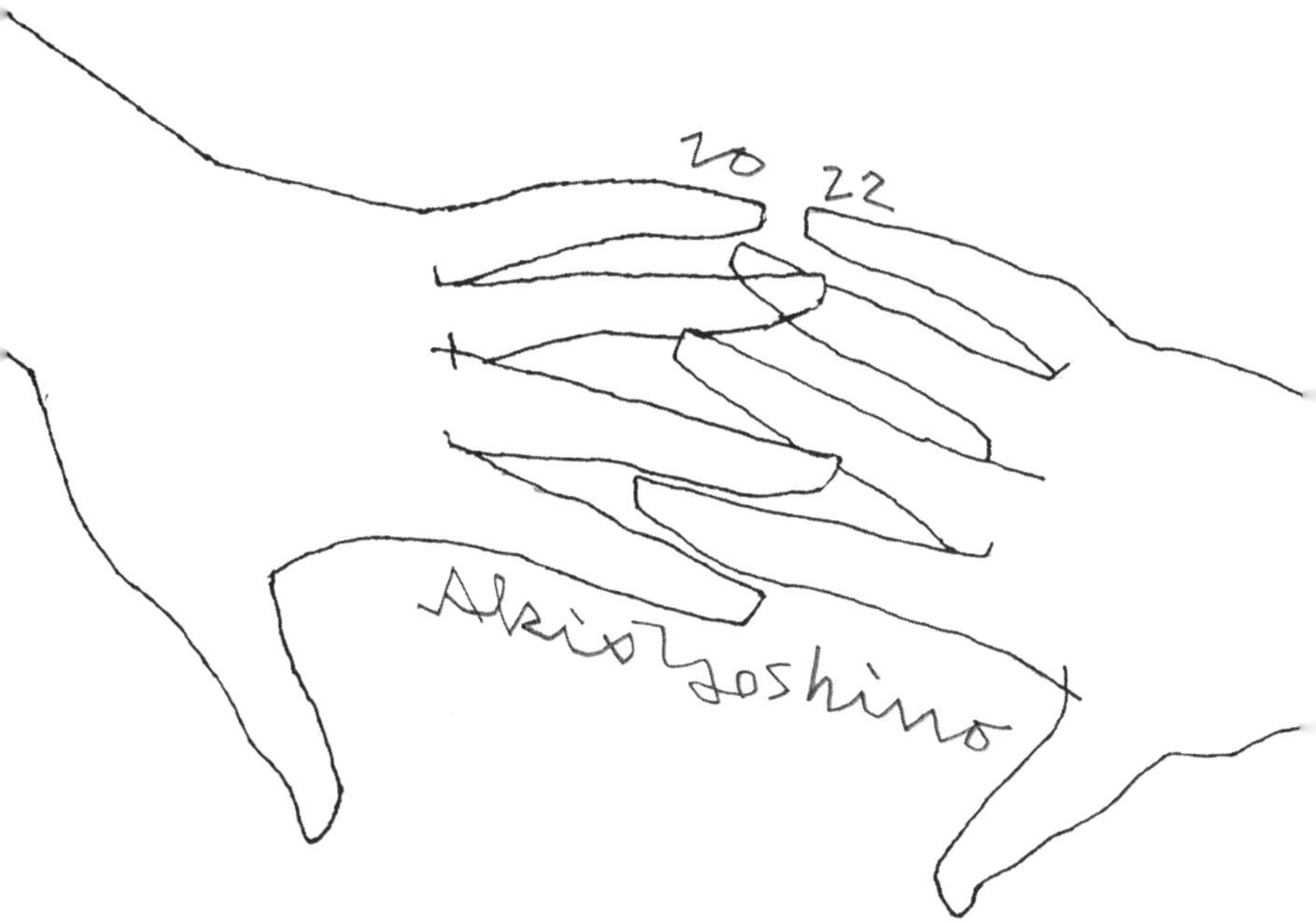

元来、日本人は、大体、「人にしてもらいたくないことは、人にもするな」、「人に迷惑をかけるな」と、教えられてきました。しかし、裏を返せば、「人にしてほしいと思うことは人にもしなさい」ということにもなります。その逆もまたしかりです。ただ、違うのは、積極的にかかわるか、消極的にかかわるかです。

消極的なかかわりは「無関心」という冷たさにつながる恐れがあります。マザー・テレサは、「愛の反対は憎しみではなく無関心です。」との言葉を残しました。

文化の違いと言えばそれまでですが、聖書には「神が先に私たちを愛された。神を知る者は愛を知る」（ヨハネの手紙4・7～11参照）に根差した教えがあるのです。ですから安心して「求める者に良い物をくださる」神を信頼し、積極的にかかわりたいものです。

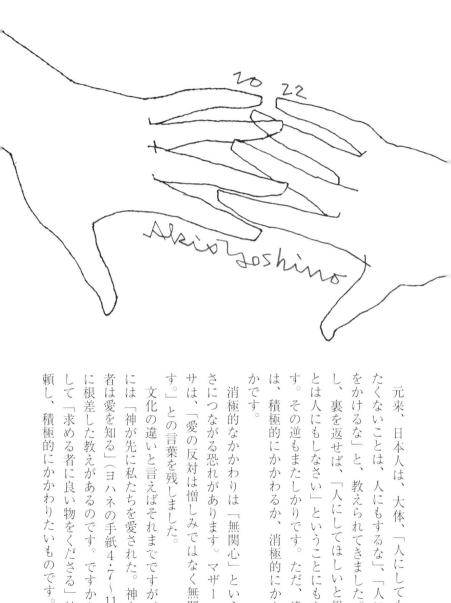

仏典の言葉

「慈悲のこころを土台として立てば、なにものにも心乱されることがなくなる」

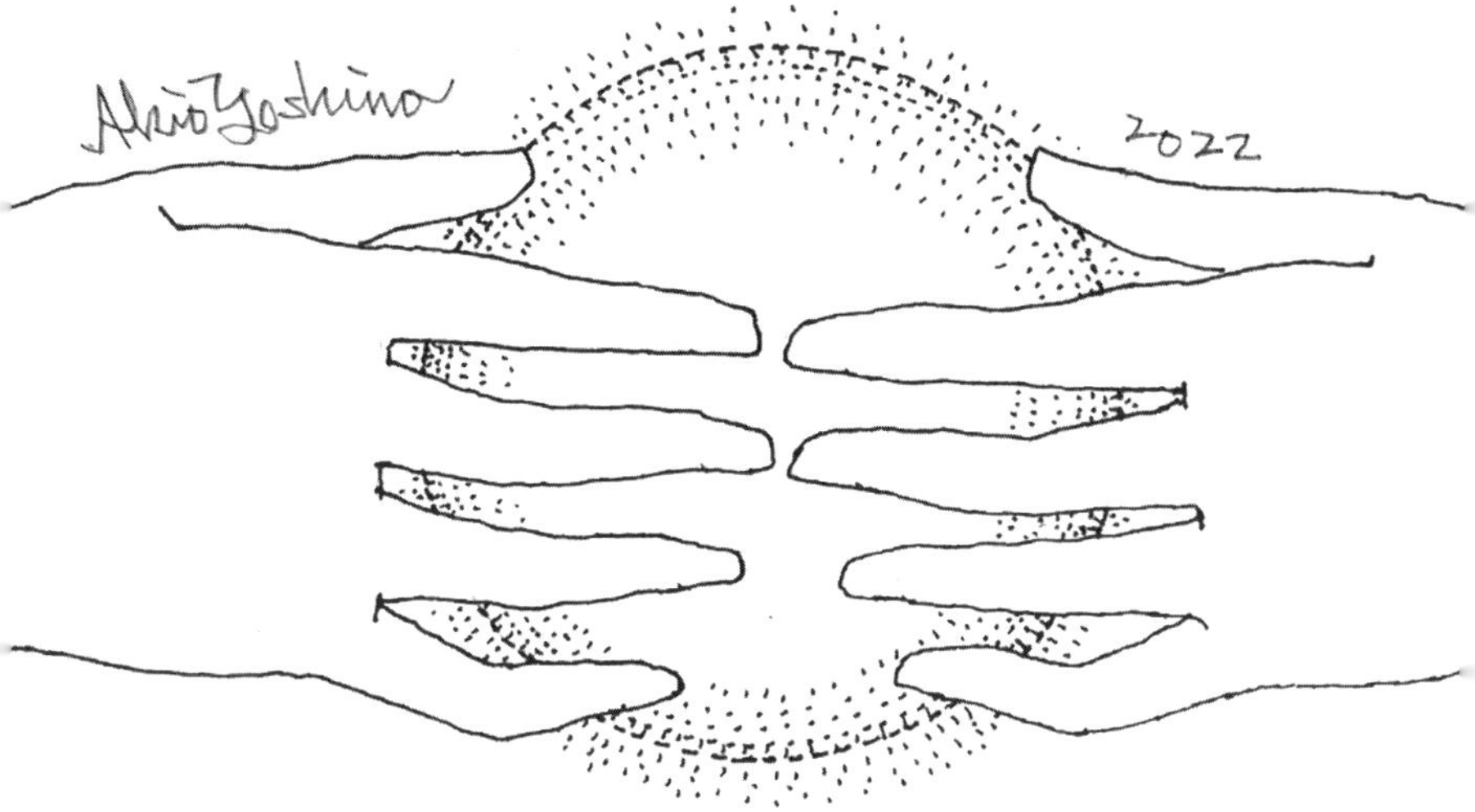

ある時ブッダが、「鍛えに鍛えられた刀が折れることがないように、慈悲のこころを修め、すっかり身につけて、それを土台として立ち、そこに安住することをえたならば、もはやなにものをも恐れることなきにいたるであろう。なにものも心をかき乱そうと思っても、けっして思うようにすることはできないであろう。」と説かれました。（『雑阿含経《ぞうあごんきょう》』）

慈悲のこころは、決して生やさしいものではありません。慈悲は私たち人間の本性ですので、誰しも身内の喜びや悲しみを我が事のように感じます。その慈しみや憐れみのこころを更に広く人間に、生きとし生けるものにまで広げると慈悲のこころとなります。

ところがさまざまな自分中心の欲望（煩悩）が慈悲を妨げます。それ故に、慈悲のこころを繰り返し鍛えて、慈悲のこころを土台として生きるように努力が必要です。そうすればこころ乱されることがなくなるのです。

聖書の言葉

「まず行って兄弟と仲直りをし、それから帰って来て、供え物を献《ささ》げなさい」

（「マタイ福音書5・24」より）

一九七五年二十六歳でカトリック司祭になり、最初の赴任教会の正面玄関で、この言葉と出会いました。司祭としての第一の務めは、ごミサ（感謝の祭儀）を行うことです。すなわち、信者とともに信者を代表して神様に供え物をささげることです。その代表者が憎しみや妬み恨みなどがあったら、その供え物は神様から受け入れてもらえません。神様には感謝、ゆるし、思いやりといった清い心しか受け入れてもらえないからです。

カトリック的に言うならば、「回心（心を神様に回すこと）の儀」が必要なのです。ごミサの最初の儀がこれなのです。その意味を印象深く悟らされた瞬間でした。

「怒り、驕《おご》り、強情、反抗心、偽《いつわ》り、嫉妬《しっと》、ほら吹くこと、極端の高慢、不良の徒と交わること、これがなまぐさである。肉食することがなまぐさいのではない」

「なまぐさ」というと、肉食をすることのように思われます。ブッダは、肉や魚を食べることを禁じたのではありませんでした。野菜もみな同じ生き物です。托鉢でいただいたものはえり好みせずにいただいたのでした。ただし、自分から欲しがってはいけないと説かれました。

肉を食べないということよりも、もっと大切なことがあるというのがブッダの説かれたところです。乱暴で、平気で陰口を言い、友を裏切り、傲慢でもの惜しみして、人に与えようとしないことをなまぐさだと仰いました。また怒りや驕り、強情などもなまぐさなのです。仏道では、これらを離れることこそが大切なのです。『スッタニパータ』にある言葉です。

「今日ダビデの町で、あなたがたのために救い主がお生まれになった。この方こそ主メシアである。あなたがたは、布にくるまって飼い葉桶の中に寝ている乳飲み子を見つけるであろう。これがあなたがたへのしるしである」

（「ルカ福音書2・11〜12」より）

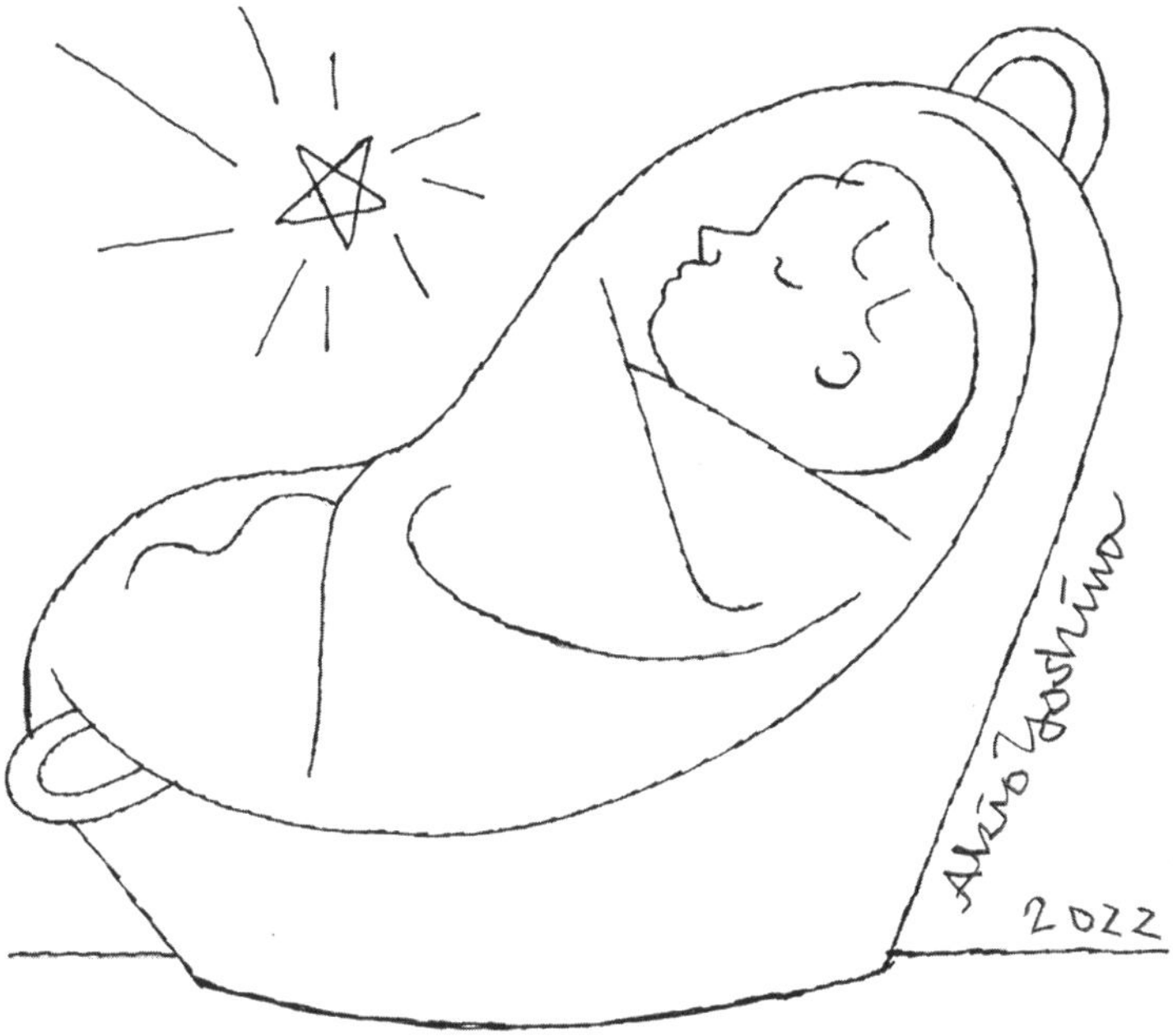

クリスマスには、「飼い葉桶餌と成りしか神のみ子」と詠み、「キリストのへりくだり、寄り添い」を説きます。「飼い葉桶」と言えば、聞こえは良いですが、じつは「動物の餌桶」です。神の子が、「食べられて無になることを覚悟でわたしたちを生かすため」、しかも、無力で、人の助けでしか生きていけない赤ん坊の姿で生まれてきたのです。神でありながらへりくだって同じ人間とまでなってくださり、弱い立場の人々との寄り添いを身をもって示すためでした。

このことは、「神が共にいて寄り添ってくださるから安心しなさい。しかも命を懸けて守ってくださるから、あなたも助けを必要としている人を助けなさい、難民を助けなさい」などとのメッセージが込められているのです。

仏典の言葉

「わがものというものなくとも、
われらこころたのしく住まんかな」

『法句経』の二〇〇番にあるブッダの言葉です。中村元先生の訳によれば、「われわれは一物をも所有していない。大いに楽しく生きて行こう。光り輝く神々のように、喜びを食《は》む者となろう。」というのであります。（『ブッダの真理のことば　感興のことば』〔岩波文庫〕）

私たちは、ものごころついた頃から、自分の物という思いを生じています。そして自分の物を増やしたい、守りたいと思って暮らしています。

しかし、冷静に考えてみると、私の物だと思っていても、それらを死は一瞬にして奪ってしまいます。死に際してまで持つことのできるものはありません。

生きている間にすべての物を捨て去ることはできませんので、それらにとらわれない、執着の無い生き方をしたいものです。

「主であり、師であるわたしがあなたがたの足を洗ったのだから、あなたがたも互いに足を洗い合わなければならない」

（「ヨハネ福音書13・14」より）

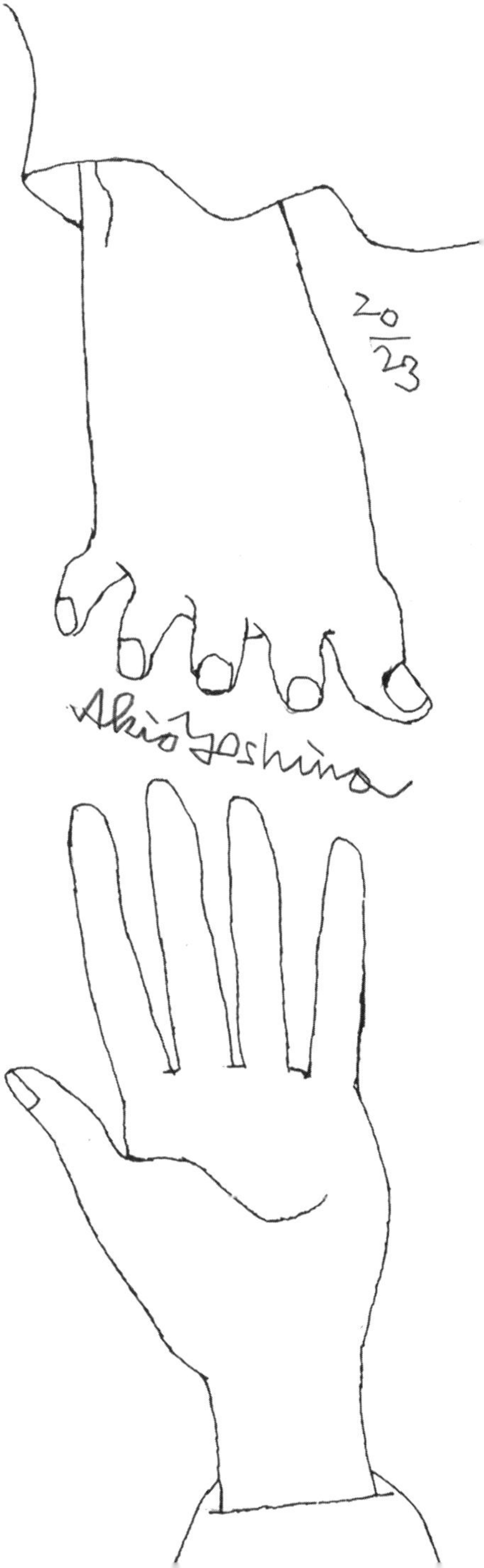

「仕え合う」ことを「仕合わせ」と言います。日本古来の「しあわせ」観だそうです。つまり、「大切にし合い生かし合うために仕え合う」ことが「仕合わせ＝幸せ」になったということです。また、「大切にして生かすために、足を洗ってあげる」ことは「仕える」ことの実践でもあります。

聖書の言葉は、まさにキリストの「しあわせ」観であり、日本人には最も分かりやすい教えだと思います。キリストは、最後の晩餐の遺言説教の冒頭で、「……世にいる弟子たちを愛して、この上なく愛し抜かれた。……食事の席から立ちあがって……弟子たちの足を洗い、……」、この言葉を発したのです。これがまさに、「愛し合う＝大切にし合う＝生かし合う＝仕え合う」という、「仕合わせ」の秘訣だというのです。

仏典の言葉

「健康は最高の利得である」

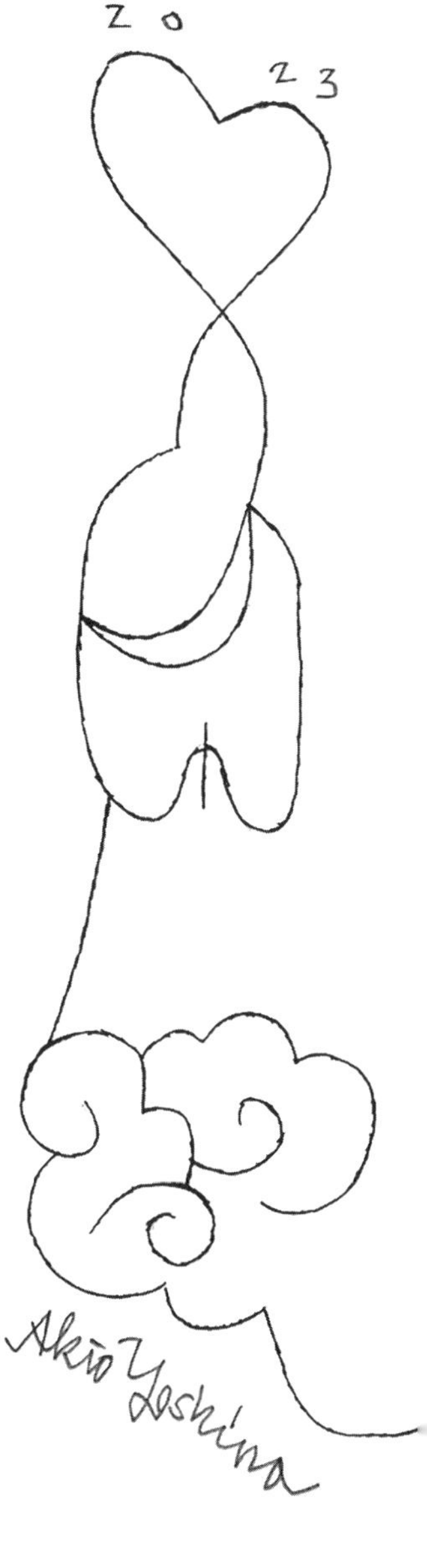

『法句経』の二〇四番に、「健康は最高の利得であり、満足は最上の宝であり、信頼は最高の知己であり、ニルヴァーナは最上の楽しみである」とありますように、「健康」は最高の幸せであります。

満足というのは足るを知ることを言います。これで十分だと満足するのです。信頼できる師や友は最高の知己です。「ニルヴァーナ」とは煩悩を滅した境地でありますが、ここでは心の平安とみておきましょう。

健康であり、自分はこれで十分だと満足して、よき師友に恵まれて、心の平安を得ることができれば、これ以上の幸せはありません。

特に健康は大事です。人生百年時代と言われ、平均寿命は延びていますが、健康寿命との差が大きいようです。ブッダは紀元前のインドで八十歳まで旅を続けて生涯を終えられました。お互い健康で人生を全うしたいものです。

円覚寺境内にて

二章 対談

前田万葉
横田南嶺

横田　日本どころかアジアを代表する前田枢機卿に小さなお寺にお越し頂き恐縮でございます。私の生涯において枢機卿に巡り合えたという事は有難いご縁だと思っております。

前田　私こそお目に掛り光栄に思っております。横田管長の仏教の言葉、ブッダの言葉、読ませて頂いて、本当に素晴らしい人生における教訓だと思います。聖書は一般の人たちには親しみにくいような感じがしています。でも、仏典と同じように聖書の中にも人生の教訓になるような箇所がたくさんあります。若者にも、お年寄りにも、障がい者にも、我々聖職者などどんな人にも、それぞれの立場、状況に合わせて、聖書の言葉は語られているのです。そのことを皆さんにお知らせ出来ないかなという気持ちで、自分の体験など交えながら紹介したいと思っています。でも、なかなか説得できないもどかしさを感じています。そういう中で出会った横田管長さんの「仏典の言葉」はとても直に私たちを納得させてくれる、教訓を与えてくれる、こういう素晴らしい教えをキリスト教も謙虚に素直に触れていかないといけないなと強く思いました。

横田　枢機卿の俳句の中に麦踏みの場面を詠んだ俳句があります。

うしろ手に母のまねして麦を踏む

情景が目のあたりに浮かびます。

前田　私は小学生の頃は農業の手伝いをしていました。父親は学校の先生で、母親は家を守って農業をやっていました。長男である私は母親の手伝いで、麦踏みをしたり芋掘りをしたりしていました。最初は面白半分に麦踏みをしていましたが、そのうちせっかく芽生えてきているのに何でこんなことをするのだろうと可哀想に思ったことが何回もありました。愛おしい、けれどもこうして踏まないと丈夫に育たない事が段々分かってきよした。母は、子どもを背負っているように腰の後ろに手を組んで、丁寧に麦踏みをしていたのです。その恰好が、愛情そのもののように見えました。麦にも愛情が伝わるのでしょう。愛の鞭に応えるかのように、数日後には株張り良く生き生きと起き上がっていました。私もいつの間にか真似するようになり、それであの句を詠みました。

横田　当山の先代の管長で私の師でもある足立大進老師は丹波の山奥で子どもの頃から苦労されたそうです。よく口にされていたのが「麦踏み」です。教育は麦踏みと一緒なんだ、踏めば踏むほど良くなると。でもそれは昔の話になりました。今の若い子は踏んだらもうその時点で終わりです。そこで芽は出ません。もうそれはそれは、苗木に添え木して、ある程度育つまでは大事にして、少し力が付いたら踏むのではなく軽く押さえるという程度にしないと。（笑）

この道に進まれましたのはお父様の強い思いがあったとお伺いしております。

前田　私が育った五島列島の上五島・仲知《ちゅうち》は皆カトリックなのです。集落全部がキリシタンです。本当にお互いを良く知っている仲なのです。日曜のミサに来ないと何であのおじさんは来ないのだろう、病気でないだろうかなどと、家に訪ねたりするそういう間柄なのです。学校の生徒も皆カトリック信者でした。「諸聖人」とか学期中にあるお祝いでは子どもは先ず教会に行ってから学校に行きます。先生も信者であってもそうでなくても、教会のミサに参加してから学校に来たりしていました。ですからその日の学校は二時限くらいから始まっていたのです。

子どもたちに将来は何になりたいかと聞くと、男の子は神父様になりたい、女の子はシスターになりたいですという地域でした。子どもの頃ですから憧れくらいですが、私も神父様になりたいという気持ちがありました。父親も神父になるための学校に行っていたのですが、それを断念しなければならなくなって、自分の夢を実現するために子どもの中から一人神父になって欲しいという気持ちが非常に強くあったようです。その為には一人では可能性が少ないので、長男の私から四人、次男、三男、四男と神学校に行きました。私が神父になったら、父は夢が実現したのであとはまあいいかという感じでした。(笑)

横田　前田枢機卿がいよいよ神父になろうかという時に、ためらわれたそうですね。その事をお父様に伝えると、お父様は先ず仲知の人にお詫びしろと仰ったとうかがいました。

前田　仲知では誰かが神学校に進むと皆がお祈りして励ましてくれるのです。特に親戚の期待は大きいもので、御馳走や小遣い銭をもらったりしてお世話になるのです。そういう背景がありますので、皆さんの間をお詫びにずっとまわったのです。でも最後に一人だけどうしても会えてない人がいました。実はその人が一番、私に期待を持ってくださっている人でした。その人は江袋教会の「教え方」さんでした。仲知には本教会と別に、巡回教会が幾つかあります。キリシタン時代からの流れがあって神父さんと別に各巡回教会に「教え方」さんが置かれていました。教え方さんはミサの準備、典礼の準備指導をやります。中学を卒業する時に信者の生徒の中から各教会で教え方さん候補が一人選ばれ、その生徒は伝道学校に行きます。二年の勉強を了え帰ってきて教え方さんになるのです。

江袋は母の里で教会のその教え方さんは親戚でもありましたので、特に私に期待をかけていたのです。だから私はその方に会うのを内心は避けていました。江袋への道のカーブになっている所で、まさか会わないだろうなと恐る恐る歩いていたら、不思議なことにその人にばったり出会ってしまいました。いつものように、「あら!万葉さん休みで帰って来たとね、祈っとるけん頑張ってね!」と言われて、「やめて帰ってきた」とは言えなくなって、とうとう何も言えずに父のもとに帰りました。

横田　そういうことって本当にあるんですね。神さま、仏さまのお導きと言いますか、人生で何度かターニングポイントになる不思議な出来事があります。

前田　私は悩みに悩みました。ここで裏切るわけにはいかない。結局は神学校に戻りました。その事がなかったら神父にはなっていないです。その人は、その後、私が神父になってからも度々励ましてくれました。私も訪ねたりしていました。大恩人です。

迫害の歴史

横田　前田枢機卿のお話を伺っていますと、親の影響もそうですが、ずっと代々受け継いできた血があるように思います。強い信仰をもっていたのはお祖父様の峯太郎様からですか。

前田　峯太郎は仏教からカトリックに改宗したのです。峯太郎と結婚したヨノというのが、私の祖母です。その家系は昔からの潜伏キリシタンでした。「五島崩れ」と言われる明治の初めの一番激しい迫害の時の信者です。

横田　それが「牢屋の窄《さこ》事件」[*註1]ですね。わずか十二畳のところに子どもから大人、ご老人まで二百人もが八カ月閉じ込められて、凄まじい迫害を受け四十何人が亡くなったという。

前田　はい。ヨノの父で紙村年松という曽祖父は八カ月間を生き延びました。キリシタンをやめると言って牢屋を出たのではなく、迫害から解放されてわが家に帰ったら家財道具も皆無くなっていたそうです。もちろん食べる物はなく、山の木の根を食べたりして過ごしました。

横田　そのお話からしますと、もうそこで生活するのは難しい。多分、命の危険もあったのではないでしょうか。

前田　多分、そうだったと思います。そこで年松は雑木と蔓で粗末な筏をつくって、海に出て潮の流れでたどり着いたところが仲知でした。そこで結婚して授かった娘が私の祖母・ヨノです。ヨノの夫・峯太郎は小値賀島《おじかじま》の六島《むしま》の出身で船大工でしたが、キリシタン集落の仲知に住み込みで家造りの大工として働きに来ました。そこで日曜日になると住民たちとミサにいくようになり、やがて神父様に教えをこうて洗礼を受けたのです。その後、六島に帰ったら、峯太郎が洗礼を受けてキリシタンになったということで親からも勘当され、村八分にあい住めなくなり、また仲知に逃げて来たのです。

横田　六島からの追手が来て峯太郎狩りがあったそうですね。

前田　そうなのです。見つかったら殺されるかもという事で、仲知の人たちが、家から家へと自分たちのところへ匿ってくれたのです。

　ところが、私が神父になって四十歳過ぎた頃でした。六島の同じ前田という名前の親戚の方が私を訪ねて来られました。そして、当時、六島の青年たちは峯太郎を連れ戻して、親と和解させようとそういう気持ちで仲知へ探しに行ったというのです。それを仲知の人たちは峯太郎狩りと誤解して、見つかったら峯太郎がどんな目にあわされるかわからんと匿ったというのです。それまでは私は六島の前田家が怖かったのですが、それからは親しみを覚えるようになりました。

横田　その話を聞かなかったら六島に対して恐ろしい気持ちを抱いたままだったかもしれませんね。「牢屋の窄事件」は明治元年ですからキリスト教に対して非常に微妙な時期で迫害があったのも分かりますが、峯太郎さんの時代はそれから何年も経ってのこと。それでも村八分になったり、周辺に恐怖心を抱くことが残っていたのですか。明治新政府になってそんな迫害はなくなっていたと思っていたのですが。

前田　まだまだその頃は厳しいものがありました。私の子どもの頃でも残っていました。迫害というよりもキリスト教に対し迫害の歴史の先入観が残っていたのですね。私は五年生までは仲知小学校にいて六年生から北魚目小学校に転校しました。その学校は六年生百五十人位で三組あってキリシタンの生徒は各クラス五人から十人で完全に少数派でした。仲知では住民皆キリシタンだから、信者でない学校の先生家族は「ゼンチョ」と言われてもいじめられるようなことはありませんでした。ゼンチョは悪い言葉ではないのですが異教徒という意味があったのです。

ところが北魚目小学校ではキリシタンの同級生たちが本当にいじめられていたのです。私は父親が同じ学校の先生をしていましたので、いじめられませんでした。地域の中でキリシタンの集落がいくつかあったのです。子どもたちが掃除の組をつくるとその中にたいてい一人はキリシタンの子どもが入れられる。その組の中で、キリシタンではない子どもたちは掃除をしない。掃除をするのはキリシタンの一人か二人の子どもたちでした。小学校でも丁度生徒会が始まった頃でした。私は我慢できずに掃除は皆でするものだと生徒会で抗議しました。その後は先生たちの配慮もありそういういじめがなくなりました。

横田　そうでしたか。信仰が深い場所ほど差別が強く残っているんですね。

前田　四十八年前、神父になって初めて「牢屋の窄」がある久賀島《ひさかじま》に行った頃の話です。その頃久賀島ではカトリックの子どもに対して、差別語ですが「ボサ」とか「耶蘇」とか使われていました。何百年の差別はなかなか無くならないですね。

　その後平戸に転任して行きました。平戸の観光協会がキリシタン紀行として商品を売り出すという企画が立てられた時に、メンバーにはホテルの社長さんとか観光協会の会長さんとかがいて、私もその中に入っていました。私は祖父が仏教徒でもあったし、一緒に平戸市の発展の為に協力しようという考えでした。ところが、教会の役員の中に今更観光の為に教会を利用するのは虫が良すぎるとの意見がありました。

　仏教徒などに対して、自分たちを迫害していながら今更何を言うかという声も聞こえたりしました。カトリック信者と仏教徒などの結婚もお互いに敬遠されていました。仏教を継いでもらわないとだめだとか洗礼を受けてもらわなければとか折り合いがつかないことが多かったのです。お互いの誤解があり、私たち司祭が間を取り持たなければならない例も多くありました。

横田　前田枢機卿が、曽祖父の頃から迫害を受けても決して信仰を曲げなかったことを、誇りに思っているということを御本で読みました。それを読んでこの方の信仰の一番の根本はここにあると思いました。

前田　曾祖父などの迫害の話を聞いて、同じ人間でありながら宗教が違うからと何でひどいことをするのか、ひどいことをされて何で抵抗しないのか、幼いながらも疑問はありました。その中で、命を懸けて守って来た信仰を大切にしたい気持ちが強くなりました。私の子どもの頃はテレビはなくラジオがあったくらいで娯楽がありませんので、夕食時も食卓を囲んで話を聞くのは、キリシタン迫害か先祖の話でした。先祖の話は自分から好んで聞きました。

横田　前田枢機卿のお話で非常に印象に残っていますのが、枢機卿のスータン[*註2]の緋色は殉教の色と聞いて大変な衝撃を受けました。それは前田枢機卿ご自身の受け取り方ですか、それともキリスト教の世界で言われているのでしょうか。殉教の色というと血をイメージしてしまいますが。

前田　バチカンでもそうです。枢機卿の緋色は殉教、血の色、教皇様のために殉教する、神様の為に殉教する覚悟を示す色と言われています。また椿は殉教の花とも言われています。

横田　それで長崎の二十六聖人館のレリーフのところに椿が植えられているのですね。

前田　はい目印に。私は椿がとても好きです。玉之浦椿は幻の椿とも言われています。五島列島の地図でいえば一番下の部分にあたる玉之浦で見つかった椿で、赤い花びらが白く縁どられているのです。私は自分の部屋のベランダで育てています。毎年咲くのが楽しみです。

枢機卿の典礼の時に赤のスータンの上に白のスルプリ（袖の広い白衣）を着るのですが、その恰好が五島玉之浦椿に似ています。私は五島出身だし、枢機卿親任式が五年前のペトロのお祝い日でしたから、

緋色受く五島椿やペトロ祭

という句を感謝と決意を忘れないようにと、自分にも言い聞かせるために詠みました。

横田　緋の色というのは、私どもの仏教でもたまに使うこともあるのですが、私どもはあの緋の色を朝日の昇る色だと言います。日が中天に昇る前の朝日の輝く色という受け取り方をしておりました。それをカトリックの方は殉教の色と受け取られておられることに大きな衝撃を受けました。

禅との出会い

前田　私のことばかりしゃべってしまい失礼をしました。横田管長は僧侶の道へ入られた動機は何にあったのでしょうか。

横田　私は和歌山県の極めて気候温暖な長閑なところで生まれ育ちまして、枢機卿のような悲惨な境遇ではございません。親は鍛冶屋、鉄工所でございまして特別な信仰もありません

でした。それが私が二歳のときに祖父が肺がんで亡くなりました。一緒に暮らしていた祖父を火葬場の竈に入れて火をつける、この時にああ人は死ぬんだと二歳の私は実感いたしました。そういう記憶は大概の人は大きくなるにつれて忘れるか薄らいでいくのでしょうが、私はずっと引きずりました。小学校になると友だちが急に白血病で亡くなりました。死ぬという事はどういうことなのか、これをはっきりしないと何も出来ないような気がいたしました。それでキリスト教の教会に足を運んだり、天理教に行ったり、お寺に行ったり、そんな中でお寺の坐禅と出会いました。十歳でしたが坐禅に行きまして。

前田　佛教には多くの宗派がありますが、その中で何故か禅宗ということですね。

横田　禅宗のお坊さんにふれまして、子どもの直観で、よしこれでいこうと思いました。それから今日まで坐禅をし、とうとう坐禅をする事が本業になりました。（笑）

小学校、中学校、高校と田舎におりました。そこで人間の死の問題を考えているなんて、先生も親も友達も誰も相手にもしてくれませんし理解もされませんでした。しかし人間は一つのことを五十年やっておりますと、特にここの管長にもなってからは、死について講演をして欲しいとか、お医者さんの集まりで死生観について話して欲しいと頼まれます。子ども時代、誰からも注目されず変わり者と言われながら坐禅をして、それを貫いてきたお陰で、本を書いたりお話をしたりしています。それで今日もこういう御縁を頂くことも出来ました。今、枢機卿にお伺いしたような迫害をずっと耐えてきたという事もなく、温暖なところでの

ほほんと暮らして好きな事をやっていましたら、こういう風になりました。（笑）

前田　私は先ほど仏教がキリスト教を迫害したかのような表現をしてしまったかもしれませんが、キリスト教以外のいろんな宗教があるにもかかわらず、仏教と言って軽率な使い方をしてしまったと思うのです。迫害時代も仏教とキリスト教は昔から助け合ってもいるのですね。山陰地方の萩に報恩寺というお寺があります。萩・津和野巡礼でそこへ伺った時に本堂の仏壇の下にある密室を見せていただいたことがありました。そこでキリシタンが集まって御ミサをしていた。お坊さんが裏口から導きいれて、その場所を提供していた。お坊さんは祈りの声がもれ聞こえてはいけないから、とミサの間、カモフラージュでお経をあげていたそうです。キリシタンの祈りを助けていたのです。

横田　幕府なり政府なりの体制側についていたのがわれわれ仏教であり、反キリシタンの書物を立派なお坊さんでもかなり書いていたという歴史がございます。こちらは加害者の立場でありますから、今の話を聞いていて何とも言えない思いでございました。ありがとうございました。

前田　明治元年（一八六八）から三年に浦上のキリシタンたちが迫害を受けて全国に流されています。三千四百人あまりが全国二十藩二十二カ所に流されました。中でも、萩・津和野は最も有名な殉教地であり、巡礼コースです。ごく最近ですが、萩の神父様が報恩寺のお坊さんと交流したときに、お寺の本尊の下の部屋に、昔キリシタンが持っていた金属製の十字架が秘かにつけられていたという話になったそうです。それで報恩寺は巡礼コースに組み入れられて、先ほどの話をお坊さんから聞くことができるのです。迫害のあった五島でも平戸でもお寺のお坊さんがキリシタンを匿った話があちこちにあります。同じ宗教者として助け合いがあったのだなと思います。私が先祖のことで誤解していたように、迫害して懲らしめようではなく、何とか助けてあげようという事があったのですね。「牢屋の窄」も、キリシタンを助けてあげようとした人がたくさんいた。そういう事実が段々分かって来ました。当時はむしろキリシタンの方が信者以外は全部迫害者と見てしまう空気があったのではないかと思います。反省しなければいけないことです。怨みから抜けきらない、何かキリシタン根性みたいなものが残っているような気も致します。

横田　私はこの本で「怨みに報いるに怨みを以てしたならば、ついに怨みの息《や》むことがない。怨みを捨ててこそ息む」を一番最初に取り挙げました。鎌倉時代に元という大国が攻めてくる元寇というのがございまして、元寇の終わったあくる年、弘安五年（一二八二）に鎌倉に円覚寺は建てられました。その時に、円覚寺を開創した無学祖元禅師が、北条時宗公に言われたのが「敵も味方も平等に祀りなさい」ということでした。普通は敵までをお祀りすることはないのですが、敵も味方も平等に供養することがここのお寺の根本の精神になっています。そういう理由で「怨み無きにより」と、いつの時代にも伝えたい一番のことだと思い掲げました。枢機卿の一番最初のお言葉、「網を降ろしてみましょう」という聖句を選ばれています。私は、枢機卿が以前にＮＨＫのテレビ「こころの時代」に出て下さって、それを観て勉強させていただきました。司祭になる時に言葉を選び、それを生涯保つということですね。

前田　一番自分が信念にしたい聖書の言葉を選びました、座右の銘です。父親の長兄が網元でしたから、私は小さい頃から漁に親しみ遊びが親を手伝う仕事のようなものでした。魚を釣ったり潜って栄螺や貝を獲りました。あの聖書に出てくるペトロは漁師でした。一晩中漁をしても獲れなかったのに、沖に漕ぎ出してもう一度網を降ろしなさいと言われて、ペトロは素直に、「お言葉ですから網を降ろしてみましょう」、と降ろしたら大漁だったのです。人間は傲慢でなく素直にならなければならない。司祭人事の命令があったら素直に従おう、必ずお恵みがあるはずだ。そういう気持ちで選んだのがこの言葉でした。

横田　そう伺いますと尚更深いお言葉です。私どもは、「お言葉ですから」ではなく、「お言葉ですが」と言ってしまうのです。お言葉ですが、イエス様、これだけ獲っても獲れないのですから、と我を通してしまいます。「お言葉ですけど」というのと「お言葉ですから」、この違いが天地の隔たりと思います。言葉が何だというより、純真な素直な心、そこに信仰の鍵があるように感じました。私が枢機卿の連載を読んでいて、私が書いたものと大きく違うなと思う事がございました。

私はブッダの言葉ですので、私自身を出さないように努めました。ところが枢機卿はご自身の思いや体験がよく表現をされています。聖書の言葉はあまりに高く道徳すぎて隔たりがあるように思っていたのが、枢機卿の解説を読むと一層身近に感じることが出来て、これが大きな印象でございました。例えば「神は我々と共におられる」これだけ読むと、神を信仰していないものにとっては距離があるように思うのですが、枢機卿は神様を両親に置き換えて頂いても結構ですと、これはキリスト教のトップにいらっしゃる方の非常に踏み込んだ言葉だと思いました。さらに、枢機卿が故郷に帰ると家族や両親と過ごせる、それが幸せなんだと、体験に合わせて書いて下さっているので、高い真理ではなく、心にすっと入ってくるお話だと感じました。

（文責・伊藤玄二郎）

註1「牢屋の窄事件」 明治元年（一八六八）、五島列島・久賀島内のキリスト教信徒たちが捕らえられ、残酷な責め苦を受けた弾圧事件。二百名あまりの信者を十二畳ほどの狭い牢に押し込め、畳一枚あたり十七人という狭さの中で、横になることも出来ず、排泄もその場にしなければならないという想像を絶する惨状であった。信徒は八か月にわたり耐え忍んだ。飢えや病、拷問のため三十九人が死亡、出牢後の死者三名を加えると四十二名が命を落とした。のちに「五島崩れ」といわれる五島におけるキリシタン弾圧のきっかけともなった。

註2「スータン」 soutane カトリック教会の聖職者の襟にカラーの付いた外衣。司祭は黒、司教は紫、枢機卿は赤、教皇は白色。

円覚寺　妙香池の前にて

心をたがやす

著者　前田万葉
　　　横田南嶺

発行者　伊藤玄二郎

発行所　かまくら春秋社
鎌倉市小町二―一四―七
電話〇四六七(二五)二八六四

印刷所　ケイアール

令和五年十月六日　発行

ISBN978-4-7740-0882-0 C0095